A Feminilidade Velada

Aliança Conjugal e Modernidade

Philippe Julien

A Feminilidade Velada

Aliança Conjugal e Modernidade

Tradução

Celso Pereira de Almeida

COMPANHIA DE FREUD

EDITORA

Título Original
La féminité voilée,
Desclée de Brouwer

Editoração Eletrônica
FA - Editoração Eletrônica

Tradução
Procopio Abreu

Editor Responsável
José Nazar

Imagem de Capa
Delacroix

Capa
Fatima Agra

Rio de Janeiro, 2006

FICHA CATALOGRÁFICA

J94f

Julien, Philippe.
A feminilidade velada : aliança conjugal e modernidade Philippe Julien. - Rio de Janeiro : Companhia de Freud, 1997.
108 p. ; 23 cm.

ISBN 85-85717-08-8.

1. Paternidade - Aspectos psicológicos. I. Título.

CDD-155.6462

Companhia de Freud
editora

Endereço para Correspondência
Rua Barão de Sertório, 57
Tel.: (21) 2293-7166 • (21) 2293-9440
Rio Comprido - Rio de Janeiro
e-mail: ciadefreud@ism.com.br

À memória de meu pai,
Joseph Julien

Índice

O Saber de um Gozo

Introdução

Nossa entrada no século XXI está marcada, em todo canto, por um mesmo debate. Em cada país, em cada cultura, o que se chama modernidade tornou-se objeto de opiniões ou de convicções que se opõem.

Para uns, a modernidade é a condição necessária de todo progresso, não apenas na ciência, na economia, na política, na religião, mas também no amor. Efetivamente, pela primeira vez, entre um homem e uma mulher se teria, enfim, tornado possível um encontro desembaraçado de toda consideração social e política; a cada um só importaria o outro enquanto tal: ele, porque é ele — ela, porque é ela!

Para outros, inteiramente ao contrário, o anonimato e a mobilidade da vida moderna nos fizeram perder toda orientação: não há mais traços específicos de pertinência a tal ou qual cultura, a tal ou qual comunidade — traços aos quais outrora cada um podia identificar-se e, assim, encontrar referências para a condução de sua vida. Eis por que, frente a esse vazio e a esse desenraizamento, mais do que nunca, o homem e a mulher voltam-se um para o outro, a reclamar calor e ternura, garantia e estabilidade, amor e prazer. Mas esta exigência seria tamanha hoje que não poderia senão levar a uma decepção, e a uma insatisfação, perpétuas.

Estas duas posições, se bem que contrárias, dizem verdades. Este livro foi escrito a partir da escuta dessas verdades, para tentar responder a esta questão: segundo que vias fazer enfim exitoso o sujeito nascido da modernidade? Este sujeito, e nenhum outro!

Um Luto Difícil

1
O declínio de uma imagem

Dentre os traços que definem a modernidade, um dos mais seguros e mais constantes é esse: o declínio da imagem social do pai.

Mas em relação a que se pode falar de declínio? Com relação à definição tradicional da paternidade, à definição mais comum, mais difundida, mais certa, malgrado a diversidade das culturas. Pelo nome de pai, *pater*, designa-se originariamente uma paternidade ao mesmo tempo política e religiosa, e não é senão por via de *conseqüência* que ela concerne à família.

Efetivamente, é pai aquele que tem *autoridade* de senhor político e religioso. Como diz Émile Benveniste, definindo a autoridade: "É *auctor* aquele que promove, que é o primeiro a produzir uma atividade qualquer, aquele que funda, aquele que garante." Eis por que "toda palavra pronunciada com autoridade determina uma mudança no mundo, cria alguma coisa". Está aí "o poder que dá existência a uma lei[1]".

---

[1] Émile Benveniste, *Vocabulário das instituições indo-européias*, Paris, Minuit, 1969, t. 2, p. 150-151.

A paternidade qualifica, portanto, o poder de fundar a sociedade política ou religiosa, donde familiar. É por isso que Émile Benveniste pode dizer que o adjetivo *patrius* "refere-se não ao pai físico, mas ao pai no parentesco classificatório[2]". Desse modo, a *patria potestas*, a potência paterna, é a do senhor que, por sua autoridade, engendra uma linhagem do tipo classificatório, aquela que porta seu nome próprio. Por exemplo, na cidade romana, o imperador (*pater patriae*), os senadores (*patres*), os patrícios (*patricii*) encarnam esta paternidade, instituindo um liame social fundado não sobre o sangue, mas sobre a palavra dita paterna (*sermo patrius*). Da mesma maneira se falará dos Padres da Igreja, ou, nos Estados Unidos, dos pais fundadores.

Esta nomeação é reencontrada no plano profissional com o patrão (*patronus*): ele é o senhor que funda uma sociedade econômica.

E é então, por conseqüência, que o pai torna-se um dia o da família, o *pater familias*. Ele é o *dominus*, o senhor da casa (*domus*). E, para isso, constitui-se *ele-mesmo* como pai de tal criança, de acordo com uma paternidade que não pode ser senão voluntária. Ela se significa, com efeito, pelo ato de adotar uma criança, dizendo publicamente: "*Tu és* meu filho, *tu és* minha filha!", ou, inversamente: "*Tu não és* (ou *tu não és mais*) meu filho, minha filha!"

Fazer existir a lei é dar a cada um seu lugar de eleito ou de excluído. E tal poder, ele o detém durante toda a sua vida, seja qual for a idade de seus filhos.

O pai é aquele que se auto-engendra como tal, segundo sua boa vontade. Ele se declara pelo *dom do nome*, transmitido à cri-

---

[2] Ibid., t. 1, p. 272.

ança nascida biologicamente do corpo de uma mulher. Pode fazê-lo em virtude d'uma nominação prévia, aquela pela qual ele declarou publicamente que tal mulher é sua mulher, de modo que ele possa *instituir-se* pai, de acordo com a linguagem cuja honra do nome ele perpetuará. Perpetua-lo-á durante toda a sua vida, mantendo seu poder sobre os filhos e as filhas, como por exemplo ao decidir sobre seus casamentos: a honra do nome está aí em jogo.

Ora, esta figura tradicional da paternidade, nós a chamamos hoje de patriarcado, para sublinhar o declínio dela em nossas sociedades, tocadas pela modernidade científica, leiga e democrática.

O Primeiro Declínio

O acontecimento que, à primeira vista, engendrou este declínio é de ordem religiosa. E é por contragolpe que ele repercutiu nos campos político e familiar, este tendo perdido seu apoio religioso anterior. Com efeito, a imagem da paternidade concernia primeiramente a Deus enquanto pai; como dizia Aristóteles[3]: "Homero tem razão ao invocar, como pai dos homens e dos deuses, Zeus que é o rei de todos estes seres."

Ora, esta imagem é posta em questão pelo acontecimento novo da revelação histórica do judaico-cristianismo: Deus se faz homem; nasce de uma mulher e submete-se aos acasos da nossa história, às decisões dos homens, até mesmo àquela de dever morrer aos trinta e três anos, numa cruz de condenado. Deus se

[3] Aristóteles, *A Política*, I, 1259a, XII.

despoja totalmente dos traços do pai antigo: força, onipotência, vontade absoluta, autoridade sem limite. Seguindo as palavras de São Paulo, em Cristo-Jesus, Deus "se esvaziou dele mesmo, tomando a condição de escravo, e fazendo-se semelhante aos homens" (Filipenses 2, 7).

Por que esta *kenosis**? Para transmitir aos homens a possibilidade de fazer o luto da relação dominação/submissão, como regulando a relação paternidade/filiação. Em Cristo-Jesus, Deus morre, à imagem da divindade promovida pelas religiões pagãs. Já a Abraão, prestes a sacrificar seu filho Isaac à imagem daquele Deus, foi respondido: não. Com Jesus, mais radicalmente, o Pai não é mais aquele que reclamaria uma vítima expiatória, uma vítima que se sacrificaria no lugar dos homens, e por eles. Pelo contrário, nesta figura de Jesus, Deus se mostra privado de todos os traços que os homens reinvindicam num Pai onipotente; e isto em vista de uma nova transmissão sobre a verdade do engendramento.

Esta novidade é inaudita, insuportável mesmo. Eis por que as conseqüências políticas e familiares sobre a noção de autoridade só muito lentamente se mostrarão.

O Nascimento de uma Conjugalidade

Não foi senão muito lentamente que esta mensagem religiosa pôde abalar a autoridade paterna das nossas sociedades, pela qual o casamento é, segundo a lei das trocas, um dom e um con-

---

(*)*kenosis*, a partir do grego *kenos* = vazio. Portanto, no texto, o ato de "esvaziar-se". (NT)

tra-dom entre dois pais. Um doa sua filha e o outro doa seu filho, com vistas a uma nova família.

Efetivamente, a transmissão do patrimônio não se pode fazer senão por aqueles que dele são os depositários, isto é, os pais. Como claramente escreve Georges Duby, a propósito da França carolíngea: "Era prerrogativa do responsável pela honra de cada entidade familiar a condução das negociações [...]. Palavras eram trocadas. Elas engajavam pessoalmente o homem e a mulher, que se decidira unir, mas *principalmente* os homens que detinham, sobre cada um deles, o poder[4]." Tal é, com efeito, o dever dos pais, mesmo em face de suas filhas, "para guardar-se da desonra da qual elas corriam o risco de ser a causa[5]"; com isso, a mulher é considerada bem frágil.

Este costume extremamente forte é transmitido pelo direito romano, de origem pagã. Ora, pouco a pouco, a Igreja, depois de tê-lo respeitado, ousa contestar esta autoridade dos pais, e introduz uma outra lei: somente o consentimento entre os esposos *faz* o casamento. O bispo Yves de Chartres (1040-1116), por exemplo, tem a audácia de escrever: "Quando o homem declara: recebo-te minha, de modo que tu te tornas minha mulher e eu teu marido, e ela faz a mesma declaração [...], enquanto dizem e fazem isso segundo o costume existente, e sobre isso *concordam*, é então que quero dizer que eles estão daí por diante casados[6]." Pouco importam os interesses das linhagens e dos assuntos de dotes ou de dinheiro.

Desse modo, a partir do século XII, teólogos e canonistas começam a afirmar que o consentimento do pai não é requerido. To-

---

4 Georges Duby, *O cavalheiro, a mulher e o padre*, Paris, Hachette, 1981, p. 51.
5 Ibid., p. 53.
6 Ibid., p. 193.

davia, será necessário esperar pelo IV concílio do Latrão (1563), para que a Igreja condene os "romanistas", que afirmam erroneamente que são nulos os casamentos contratados pelos filhos-de-família sem o consentimento dos casais parentais (subentendido: dos pais!).

É assim que a mensagem evangélica sobre a *kenosis* de Deus traz frutos, dando nascimento a uma nova conjugalidade no discurso público. A Igreja destrona o poder paterno herdado da sociedade romana. Mas isto não é tudo. Pois o que a Igreja dá com uma das mãos, não retira com a outra?

Esta questão vai se colocar no próprio momento em que o poder paterno é posto em causa. Com efeito, a partir do concílio de Verona (1084), os papas começam a admitir o casamento entre os sete sacramentos. Mas então, o padre não é o ministro, como para os seis outros? Assim, ao poder do pai de família, eis que se substituirá o poder de um outro "pai", o cura da paróquia. Isto será uma passagem de poder entre pais. Doravante, o debate se abre, não mais entre teólogos e "romanistas" seculares, mas entre teólogos e bispos.

A resposta não é simples. O século XV vê precisar-se uma resposta; por exemplo em 1439, no concílio de Florença, é dito que o casamento é o sétimo sacramento. Sua *causa* eficiente é o consentimento mútuo, expresso pelas palavras, no presente.

Mas isto não é então favorecer os casamentos clandestinos, isto é, o rapto, o constrangimento e, portanto, uma falta de consentimento da mulher? É por isso que o concílio de Trento vai impor a presença do padre, como testemunho público de que há verdadeiramente consentimento mútuo. Mas, então, não é ele o ministro do sacramento? O debate prosseguirá, até o século XX, sobre a função do padre.

De fato, a ambigüidade sustenta-se bem do ritual, pelo qual o padre declara: "*Ego conjungo vos in matrimonium*" (Eu vos declaro unidos no matrimônio). Como interpretá-lo? É um constativo ou um performativo? Um atestado do que conclui sacramentalmente a palavra dos esposos, ou, ao contrário, uma palavra sacramental que une os esposos? O código de 1917 confirma a primeira interpretação; mas, então, por que manter o equívoco desta fórmula ritual?

Não é o signo de um mal-estar? Muito exatamente daquele que vem do insuportável disso que a mensagem evangélica introduziu: o declínio da imagem do pai, quer seja ela divina ou humana, política ou familiar.

A Modernidade

Com o advento da secularização e da democracia, o declínio do pai se manifesta de outro modo: ele não concerne somente à autoridade do pai sobre seus filhos e filhas, tornados legalmente livres no dia da sua maioridade. O declínio vem do deslocamento do poder do pai para a mãe.

Este deslocamento operou-se muito lentamente, e é somente no final do século XX que, enfim, ele nos aparece claramente. É efeito de um *triplo* poder da nossa sociedade, que intervém entre o homem e a mulher, em proveito desta, em sua *relação* com a criança e com o adolescente.

O poder médico

A grande revolução atual reside no poder dado à mulher, de decidir ela própria sobre o nascimento ou não de uma criança. Ela detém o poder graças à invenção médica da contracepção feminina. Quanto ao homem, se não está de acordo, conhece, daí por diante, o antigo destino da mulher: convencer o parceiro, ou submeter-se à sua decisão.

Além do mais, no caso de concepção não desejada, é a mulher quem decide, com o médico, sobre um eventual abortamento. A opinião do pai não é requerida.

Enfim, com a Assistência médica à procriação, eis que, em caso de esterilidade do casal, a medicina não mais esconde que ela vem do homem, desde que seja este o caso. Durante séculos, fosse qual fosse o saber desde o tratado de Hipócrates, dizia-se que a esterilidade provinha da mulher, para salvaguardar a honra do marido, em razão de uma opinião tenaz sobre a estreita ligação entre esterilidade e impotência sexual.

Esta opinião pré-científica tem uma vida dura. O professor Georges David, fundador dos CECOS na França, tendo interrogado, através de um questionário, mais de oitocentos casais infecundos por esterilidade masculina, com o propósito de saber se o círculo familiar tinha sido informado desta esterilidade, recebeu a seguinte resposta: "Nunca, com apenas uma exceção, em que não se tratava do pai do homem. É impossível imputar a esterilidade ao pai[7]." O médico diz doravante a verdade ao casal, e não poupa o homem aos olhos da mulher; por outro lado, o

---

[7] Coletivo, *Nos princípios da vida*, Paris, A Descoberta, 1990, p. 136.

homem sabe silenciar, sobretudo diante de seu próprio pai; a "humilhação" tem, apesar de tudo, limites.

O PODER JUDICIÁRIO

O ano de 1889 marca a data da queda do patriarcado, com a lei sobre a degradação dos pais julgados indignos. Seguir-se-á o restante: 1938, o poder marital sobre a esposa é suprimido; 1970, é a vez de ser suprimida a autoridade paterna, em proveito da autoridade do casal parental.

Ainda mais, no caso de divórcio ou de separação, o juiz da Vara de família atribui, na maioria das vezes, a guarda das crianças à mãe, em nome do atual discurso da psicologia, que exalta a díade mãe-criança. Como disse o deão Carbonnier, "o direito da família se tornou pedocêntrico". Os males feitos a um homem por sua mulher importam bem pouco, em relação aos interesses da criança. Assim, a mulher que pede o divórcio, para juntar-se a seu amante, tem o poder de privar o pai "inocente" da presença quotidiana de seus filhos.

Finalmente, em nome da proteção da saúde, se as crianças têm sintomas como supostos efeitos de um traumatismo, é o pai quem é suspeito de abuso, de maus-tratos ou de sedução insidiosa. E o testemunho da mãe sobre este ponto é sempre recebido como sendo digno de fé. Não se chega ao extremo de dizer que é a condenação do pai que permite o desaparecimento dos sintomas da criança, ou do adolescente?

O PODER ENSINANTE

Por fim, na França, crianças e jovens são educados, e ensinados, cada vez mais por mulheres. Dois fatos novos: primeiro, com as escolas mistas, os meninos não são mais "protegidos", como outrora, pela não-mistura, estando admitido que, na adolescência, as meninas são reputadas mais maduras que os meninos. Além do mais, os meninos têm, daí por diante, uma maioria de mulheres como professoras na escola primária, no colégio, no liceu e, pouco a pouco, na universidade.

Desse modo, hoje, quem é que o pai encontra, quando vai fazer uma consulta a propósito de seu filho: um pediatra, um juiz da Vara de família, um reitor, um professor, um psicólogo? Cada vez mais freqüentemente encontra uma mulher, reservando-se aos homens as profissões nas quais a competência técnica sobrepuja o desempenho na relação intersubjetiva.

É esta, portanto, a situação dos meninos, nos dias de hoje: escutar, e seguir a palavra enunciada pelas mulheres.

E Então?

Esse triplo declínio da presença dos homens e dos pais junto à geração seguinte conduz necessariamente à colocação da questão: eis, então, pela queda da *imagem* patriarcal, finalmente a revelação advinda da verdade da paternidade? Ou, contrariamente, não se trata de uma carência verdadeira da paternidade em-si? Responder a uma tal questão supõe que nos interroguemos: o que é, portanto, o *ser*-pai?

2
Uma incerteza de ser

O que é ser pai? Durante séculos esta questão não se colocava. O pai era, sem contestação, o *dominus*, o chefe político e religioso e, conseqüentemente, o chefe de família no dia da morte do seu próprio pai. Mas e hoje?

Com a modernidade, as definições se multiplicam e se alternam entre dois pólos irredutíveis um ao outro: a função *social* e a função *biológica*.

O Pai Social

A primeira pista é tentar definir o "pai de família" em termos de papéis a preencher e de tarefas a serem cumpridas *junto* à criança. E, a cada vez, levantava-se a questão: em que isto é propriamente paterno, e não materno?

Uma função ECONÔMICA

A primeira definição social é a de nomear pai aquele que trabalha e traz dinheiro para casa, com o propósito de nutrir e abrigar sua família. Ele é o "provedor", graças a seu trabalho. Assim, de acordo com a tradição, José, o carpinteiro, é chamado "o pai provedor" da Sagrada-Família.

Frágil definição, que nos dias de hoje desmorona, desde que a mãe trabalha fora do lar, e dessa maneira "provê" tanto quanto o dito pai.

Uma função EDUCATIVA

Devemos, então, voltar-nos para outro lado: é verdadeiramente pai aquele que *ocupa* um lugar privilegiado junto à criança ou ao adolescente: um padrasto, um educador, um psicólogo, um monitor, um capelão, etc. Dessa forma, o pai é aquele que, por sua presença atenta, faz passar a criança da vida familiar à vida social; mediador entre o privado e o público, ele introduz a criança à condição de adulto, capaz de desembaraçar-se de sua mãe.

Por exemplo, quem é o pai de Albert Camus? Aquele que se chama Camus, e que morreu quando Albert tinha um ano de idade, ou Louis Germain, o professor que lhe obteve uma bolsa de estudos e apresentou-o à literatura francesa? É a esse último que Camus, tendo recebido o prêmio Nobel, escreverá: "Sem vós, sem esta mão afetuosa que me haveis estendido quando menino pobre, sem vosso ensino e vosso exemplo, nada disso teria acontecido."

Esta definição é certamente a mais sedutora e, no entanto, não podemos contentar-nos com ela. Efetivamente, ela não diz da singularidade do ser-pai, na medida em que nesta função de pedagogo um homem é *substituível* por um outro; é suficiente um... e um... e um... que se volte para a criança durante um tempo... para seu bem!

UMA FUNÇÃO MATERNALIZANTE

Eis aí por que nos voltamos na direção de uma outra via, a do *nursing*. O verdadeiro pai hoje é o homem que, por seu corpo, se faz presente ao corpo do bebê. Ele dá voz à criança ainda no ventre da mãe. Depois, após o nascimento, instaura um corpo-a-corpo íntimo com aquela, pele contra pele, odor contra odor, olhar chamando olhar, voz fazendo apelo a uma voz. O pai é, então, aquele que não deixa à mãe o privilégio de uma *sensoralidade comum* com a criança. Não está aí a condição de uma paternidade?

Esta recente definição, pregada por certa psicologia, é certamente tocante. Todavia, como nomeá-la? Paternagem ou maternagem? Há hesitação. Para uns, é uma feliz *maternagem*, com o homem enfim reconhecendo nele uma dimensão feminina, não-viril, com seus valores de doçura e de ternura; é assim que Elisabeth Badinter[1] vê aí uma vitória contra a homofobia: "Nada de boa-paternidade possível sem a aceitação de sua homossexualidade latente, e um toque de pedofilia." Para outros, inversa-

[1] Elisabeth Badinter, *XY. Da identidade masculina*, Paris, Odile Jacob, 1992, p. 267.

mente, trata-se de *paternagem*, e não, em absoluto, de imitação da mãe; uma voz de macho, gestos, uma masculinidade se revelam neste corpo-a-corpo específico. De toda maneira, designar do lado do *nursing* aquilo que é do ser-pai é encontrar *dois* limites.

Antes de tudo, há a intuição de que no laço do corpo-a-corpo a experiência do homem é bem superficial, com relação àquela da mulher, enquanto mãe. A gestação durante nove meses, as surpresas do parto, a intimidade do aleitamento são experiências que transformam integralmente o ser e que nenhum homem pode conhecer; ele só as pode imaginar.

A experiência concreta da maternidade não tem comparação com a do *nursing* masculino. Os homens sabem disso desde sempre, já que não reconhecem sua mulheres tornadas mães. Não é sem razão que 65% dos conflitos conjugais sobrevenham no ano que se segue ao nascimento do primeiro filho. Então, definir a paternidade por essa função maternalizante não é reduzi-la a uma pálida imitação da maternidade?

Mas, mais ainda, chega-nos pouco a pouco, dos Estados Unidos, uma violenta reação contra essa promoção da intimidade corporal entre o pai e a criança. Uma *"political correctness"* exige efetivamente a cessação de um certo liberalismo nas relações entre o adulto masculino e a criança, filho ou filha. Se esse ou essa faz sintomas, não é este o *signo* de que outrora um pai sedutor e abusador causou o trauma de uma intimidade física e verbal muito grande? Aqui, novamente, é o pai e não a mãe quem faz o objeto da suspeita.

O Pai Biológico

Vimos aquele primeiro pólo da paternidade, definida em termos ocupacionais de papéis e tarefas. Todavia, ele não pode apagar um outro pólo, aquele que designamos por esta estranha nominação: a paternidade biológica.

É pai aquele que fecunda uma mulher. O discurso médico o repete, face ao discurso sobre a paternidade social ou legal. Ele insiste; mas é para designar a fecundação de um óvulo por um espermatozóide? Nesse caso, o doador anônimo, acolhido pelos CECOS, com vistas a uma inseminação da mulher cujo marido é estéril, seria o verdadeiro pai? Ah! absolutamente não é esta a questão, responde-nos o discurso dos CECOS.

O que se designa dificilmente nesse segundo pólo, não-assimilável a papéis *junto* à criança, é a dimensão do encontro sexual (e eventualmente amoroso) entre um homem e uma mulher. Falar pudicamente, cientificamente, objetivamente de paternidade biológica é esquecer o caráter inapagável, singular e fundamental desse encontro. Reduzi-lo ao biológico é escárnio e desenvoltura.

É bem por que a valsa-hesitação continua e mantém uma alternância sem fim entre duas funções, uma qualificada de social, a outra de biológica. Tal é o sintoma da nossa modernidade: para a questão sobre o ser-pai, não há resposta satisfatória e certa, mas somente um debate que não encontra sua conclusão. Isto não é sem razão. Veremos, mais tarde, como se pode hoje obter e dizer uma resposta, se se coloca a questão de outra maneira: não o que é *ser* pai, mas o que é *ter tido um pai*?

3
Um equilíbrio rompido

O declínio social da imagem paterna provocou, em nossa história, um desequilíbrio sem precedentes. Com efeito, durante séculos, o poder do pai, enquanto senhor, era mantido para compensar e contrabalançar um outro poder: o da mulher enquanto mãe. A autoridade patriarcal era reclamada, a qualquer preço, para que a potência materna sobre os filhos e filhas encontrasse, enfim, seu limite. Esta era a tradição.

Ora, um dos traços essenciais da modernidade é o desabamento deste equilíbrio. Entretanto, engendrar um porvir a partir daí, sem ficar na nostalgia reacionária do passado, supõe que se interrogue esta convicção antiga, e sempre atual, sobre o poder das mães. À mulher é atribuída uma influência decisiva sobre as crianças, influência que permanece nelas e determina seu futuro.

Poder beneficente ou maleficente, para o melhor ou para o pior: a mãe é capaz de tudo, de um como de outro, na surpresa e na sideração.

Desta forte intuição resulta toda uma estratégia política e religiosa: é prudente e necessário ter as mães do seu lado. Assim, em 6 de abril de 1870, Jules Ferry justificava a escola leiga para meninas com esse tipo de discurso: "Aquele que tem a mulher tem tudo, primeiro porque tem a criança, em seguida porque tem o marido." E acrescentava: "É por isso que a Igreja quer reter a mulher, e é também por isso que é necessário que a democracia lha arrebate."

Jules Michelet estava bem de acordo: "Toda mulher é uma escola, e é dela que as gerações recebem verdadeiramente suas crenças." Portanto, que a República as eduque, porque são elas que educam nossos futuros cidadãos! Desse modo, a medalha criada, em 1880, para comemorar o primeiro liceu de meninas traz esta máxima: "*Virgines, futuras virorum matres, respublica docet.*"

Isso não é novidade. Fénelon, em seu *Tratado da educação das meninas*, de 1687, fala assim do poder das mulheres: "Não são elas que conduzem ou que sustentam as casas, que regram todos os detalhes das coisas domésticas e que, conseqüentemente, decidem daquilo que mais de perto toca o gênero humano?" No bem ou no mal? É urgente que sejam bem educadas.

Se remontamos ao passado, encontramos, do mesmo modo, a opinião de J. L. Vives que, em 1523, publica seu *Instituição da mulher cristã*, sobre a transmissão da fé: "As crianças, diz ele, retêm na memória e incorporam aquilo que a mãe faz ou diz. Elas a procuram e a interrogam, e acreditam naquilo que do Evangelho ela lhes diz" (Livro I, capítulo X).

E por que é que, no século XV, exalta-se a devoção a Sant'Ana, mãe de Maria? Por que tantos quadros de Sant'Ana nas igrejas? Para mostrar que se Maria é virgem, concebida e nascida sem o pecado original, "imaculada", é graças à sua própria mãe.

A verdadeira transmissão se faz de mãe a mãe: de Eva a Maria, de Maria à humanidade: "Tudo aquilo que a maldição de Eva nos infligiu, a bênção de Maria no-lo retirou[1]." Mal-e-bem-dição, ambigüidade do poder da mãe: como efetivamente distinguir *Eva* de *Ave* (da Ave Maria)? Não é simples. Por natureza *femina* vem de *fe* e de *minus*; isto é, de menos fé; mas, pela graça, com Maria, é a fé sem falhas[2]. Sim, mas não há "graça" sem "natureza".

Estas duas faces são indissociáveis: louva-deuses e fontes inesgotáveis de vida, feiticeiras e curandeiras, demoníacas e divinas, de todo modo, um poder é atribuído à mulher, enquanto mãe. Esta certeza está aí, desde as origens até os nossos dias. No seu livro *A riqueza das mulheres*, Annette Wiener, analisando a sociedade, dita primitiva, das ilhas Trobriand, assim conclui: "Quer os problemas sejam colocados em termos de evolução ou de situações históricas determinadas, não se compreenderá por que e como as mulheres foram tão freqüentemente relegadas ao segundo plano, a não ser depois de tomar consciência do poder que elas têm *efetivamente* — mesmo se esse poder parece limitado e exterior ao campo político[3]." De fato, a política não é a única norma do poder e da autoridade; Annette Wiener não é tola das aparências. O judaísmo sabe disso desde sempre: é pela mãe que se é judeu ou judia.

Da mesma forma, se nos voltamos para o terreno da modernidade, o que é que se nos repete com uma certa psicanálise pós-freudiana? Que o decisivo para o porvir de um ser hu-

---

1 Irineu, *Contra as heresias*, III, 22, 4.

2 Esta argumentação se acha em *O martelo das feiticeiras* (1486), Primeira parte, Questão VI, Jérôme Millon, 1990, p. 177.

3 Annette Wiener, *A riqueza das mulheres*, Paris, Seuil, 1983, p. 248.

mano é a experiência da díade mãe-criança, esse pequeno ninho protetor, esse paraíso maravilhoso e inesquecível. Então, mais do que nunca, eis que é admitido que esta voz, este olhar, este peito, estes braços são insubstituíveis, e que esta potência materna de garantia ou de loucura, de segurança ou de angústia, de felicidade ou infelicidade, é a verdadeira potência de vida ou de morte, desde que a humanidade existe.

Um Novo Contexto

Portanto, sabendo isso, as sociedades humanas tradicionais equilibravam tal poder com o dos homens, de ordem política ou religiosa. Por aí se fundou a distinção entre campo privado e campo público, um reservado *de todo modo* à mãe, o outro reservado *a qualquer preço* ao homem. O contexto era o de dar à geração seguinte a imagem forte e manifesta de um senhor, que fizesse peso ao lado do poder secreto e escondido da mãe: luz contra escuridão!

Tal "sabedoria" está perdida agora, irremediavelmente. Nosso contexto é doravante outro: como transmitir à geração seguinte a possibilidade de fazer o luto desta imagem paterna, e de cessar de reivindicá-la?

As condições do luto

1
A força da família

Honra teu pai e tua mãe, para que tenhas longa vida sobre a terra.

Êxodo, 12.

Aí está um acontecimento bem surpreendente! Depois de vinte anos, constata-se uma solidariedade durável entre as gerações. Pais e filhos, mesmo adultos, avós e netos, ainda que adultos, dividem dores e alegrias, trocando notícias boas e ruins, mutuamente se ajudando, seja financeiramente, seja moralmente, com uma constância que espanta.

Eis-nos distantes do "Famílias, eu vos odeio!". Os sociólogos sublinham, de boa-vontade, que a família está mais forte que nunca. Será em razão do anonimato da vida urbana?, da mobilidade e da incerteza do porvir profissional?, dos meandros da vida amorosa? De qualquer modo, a família parece ser hoje o único lugar em que filhos e filhas encontram referências, seguros de que elas serão garantia de laços sólidos, no sentido em que Adorno definia, então, a família: "Uma célula de humanidade no seio do inumano universal." Bem o sabem os imigrantes desde muito; mas na era da modernidade não somos todos nós imigrados culturais?

Dessa maneira, os jovens deixam o apartamento familiar mais tarde que noutros tempos, ou têm o cuidado de viver nas proximidades, para retornar facilmente, quando quiserem. Esta solidariedade familiar viria da demanda dirigida aos pais, e da certeza que teriam de encontrar perto deles resposta para suas questões.

Todavia, esta solidariedade intergeracional tem hoje um outro fundamento: não a demanda dirigida aos pais, mas o inverso, com o forte sentimento de filhos e filhas no sentido de *dever* sustentar seus pais... e seus avós. Efetivamente, na medida em que se é colocado muito cedo, pelos pais, num *lugar* importante *para* eles, absolutamente não é fácil renunciar a ele, para viver sua própria vida, dentro da sua geração.

Como exemplo, no caso de morte prematura de um irmão, ou de uma irmã, antes ou pouco depois do próprio nascimento, o filho ou filha que "sobrevive" toma sobre si a dor de um, ou dos pais, para que o luto se perpetue infindavelmente[1]. Sobretudo se se é o(a) mais velho(a), participa-se cedo demais desta dor, e carrega-se peso muito grande sobre ombros de criança, de modo que seu futuro será por isso logo comprometido.

Assim também, quando um dos pais, no lugar de carregar suas insatisfações e seus problemas de casal com seu cônjuge, *volta-se para* o filho ou a filha, como livrar-se das suas confidências? Estas certamente lhes dão um lugar de importância, mas deixam-nos também na impotência de aliviar aque-

[1] Assim relatou Françoise Dolto, pouco antes da sua morte, que o drama de sua vida, a partir dos doze anos, foi o delírio de sua mãe, após a morte da filha mais velha, aos dezoito anos. Como não pensar que era ela que deveria ter morrido, no lugar de sua irmã? Cf. *Auto-retrato de uma psicanalista*, Paris, Seuil, 1989. Camille Claudel conheceu o mesmo drama.

las "infelicidades" partilhadas. É desse modo que o futuro de um(a) filho(a) se torna atravancado, ensombrecido, indisponível. Como é que pode um filho suportar a dor de sua mãe, que dele se aproxima, no dia do seu casamento, para lhe dizer chorando: "Eu vou te perder?" Como é que ele pode verdadeiramente dirigir-se à sua mulher?

Como remediar a doença d'uma mãe ou d'um pai, sua angústia, suas crises, seus problemas conjugais, quando são quotidianamente mostrados como pedidos de ajuda? Ah! se se os pudesse cobrir com um "manto de Noé", quão livre se seria para, enfim, poder ocupar-se de suas próprias preocupações, e de seu próprio futuro, de acordo com sua geração!

Mas, não!, "Honra teu pai e tua mãe, que tudo te deram!", sopra-nos a voz da consciência.

E, mais tarde, quando os pais ficam idosos e o filho se tornou pai por sua vez, como não ser sensível à solidão deles, ao tédio e à monotonia de suas vidas? Como recusar-lhes a guarda de um ou dois netos? Eles são tão afetuosos, tão disponíveis e tão felizes de deles cuidar! E, sobretudo, em caso de viuvez da avó, quem poderá resistir à sua demanda? É tão melhor que ocupar-se apenas de um cãozinho!

Ainda mais, como não ceder a uma outra demanda, àquela de seu cônjuge, de passar os fins-de-semana, ou as férias, junto aos sogros? O que será determinante para as crianças é o fato de ver seus pais enquanto filhos(as) dos avós: conduzem-se eles como adolescentes, ou como adultos, frente a seus próprios pais? Uma surpreendente relativização dos pais então se opera, por seus filhos. Estando situados numa linhagem genealógica, eles não são fundadores a partir de nada.

Com estas questões, começamos a nos aproximar do contexto verdadeiro: a presença ou a ausência de uma lei, aquela que, permitindo que se deixe pai e mãe, permite *de um só golpe* instaurar um laço entre um homem e uma mulher, *estranhos* um ao outro por suas origens familiares.

Daí a questão: como, concretamente, se revela a *necessidade* desta lei, no curso da história de um amor entre um homem e uma mulher?

2
A aliança conjugal

Não é a defloração da virgindade que faz o casamento, mas o pacto conjugal.

Ambrósio, *De institutione virginis*, I, 6, 41.

Aqueles que descrevem a experiência do amor humano entre uma mulher e um homem concordam em dar-lhe duas definições diferentes. Quer sejam eles romancistas, filósofos ou teólogos, reconhecem de bom grado que o amor tem dois pólos irredutíveis um ao outro.

De acordo com o *primeiro*, o laço conjugal se funda sobre a experiência de uma semelhança. Aquilo que é amado no outro é uma imagem de duas dimensões, onde me reconheço como num espelho. Encanto da reciprocidade: eu te compreendo, tu me compreendes; nós nos abraçamos, isto é, cada um *pode* contornar o outro.

Tradicionalmente, este amor fundado sobre o reconhecimento mútuo é considerado como sendo o mais durável. É enaltecido como assegurando, na maior parte do tempo, a permanência da felicidade no casamento. Assim, amigos e pais "fazem" os casamentos, apoiando-se sobre os traços de semelhança entre um tal e uma tal: mesmo meio, mesma origem, mesma identidade étnica, cultural e religiosa, como garantia da *concórdia* entre os dois, e depois com as crianças.

Esta concepção repousa sobre o postulado: O amor se mantém pela *comunicação* entre semelhantes, isto é, pela troca de opiniões comuns. Como diz o filósofo Alain Badiou: "As opiniões são o cimento da sociabilidade. É do que os animais humanos se mantêm, todos sem exceção, não se pode fazer de outra forma: o tempo que está fazendo; o último filme; as doenças das crianças; os baixos salários [...]; a televisão; as férias; as atrocidades próximas ou distantes [...]; os carros; o sexo; o sol [...]. Que faríamos nós, míseros, se não houvesse tudo isso que circula, e se repete entre os animais da Cidade? [...]. A opinião é a matéria primeira de toda comunicação[1]."

Assim, segundo esta primeira dimensão, o amor recíproco funda-se na arte da conversação partilhada, cada um por sua vez falando e escutando.

Isto pode durar muito tempo, toda uma vida. Mas isto pode também se desmanchar subitamente, como um castelo de cartas. Nada de garantias! Surpresa e sideração: o outro, que eu acreditava conhecer, faz explodir o espelho de duas dimensões. Uma profundidade se revela, imprevisível, em sua estranheza inquietante. Horror! Eu acreditava conhecer-te, como acreditava que tu me conhecias, e eis-me acordado como que por um soco: para além da tua imagem, uma *alteridade* surge na diferença homem-mulher. Eu não te compreendo mais, tu não me compreendes mais.

Que fazer? Quando esta terceira dimensão do outro *ou* de mim-mesmo se revela, em que *lei* apoiar-se, para avançar, um na

---

[1] Alain Badiou, *A Ética*, Paris, Hatier, 1993, p. 46.

direção do outro, no desconhecido, em vez de fugir pela ruptura e a separação?

Antes de responder a esta questão, voltemo-nos primeiramente para o que os escritores nos designam como sendo um *outro* pólo do amor: não o amor da semelhança, mas o amor-paixão, o amor "extático", que vos coloca fora de vós mesmos, na convicção absoluta da unicidade incomparável do outro, em seu corpo e sua alma. Então, o amante está seguro de si mesmo; não quer mais ouvir nada, da parte de terceiros, sobre os defeitos do objeto adorado.

O próprio deste amor é viver o instante, um instante eterno. O que é dizer que ele repousa sobre este *postulado*: o gozo que experimento do corpo do outro sexo é idêntico àquele que o outro experimenta do meu corpo. De dois, não fazemos senão um, num *mesmo* gozo: tal seria o milagre da sexualidade.

Ora, não é nada disso; com exceção de breves instantes, a dualidade permanece, irredutível, insuplantável. É bem o que escrevia admiravelmente Montherlant: "Não se faz um ser de dois seres. Pode-se sitiar uma alma como soberano, pode-se estilhaçar-se o corpo entre seus braços, pode-se envolvê-lo, absorvê-lo, bebê-lo; algo em certa medida recua, ultrapassa, nos escapa, como estes sóis das noites de febre, que eternamente fogem diante de nós; e os dois se acham sós, face a face, diante desta obra apenas esboçada, que se acreditava ter como perfeita, agonizando de impotência e de falta[2]." Eis por que, de novo, de acordo com este segundo pólo do amor, coloca-se a mesma questão que para o primeiro: sobre *que lei* apoiar-se, a fim de quc um possa avançar

---

[2] *Thrasylle*, Paris, Robert Lafont, 1983, p. 40.

na direção do outro, apesar da dualidade finalmente reconhecida do gozo?

A Lei do Desejo

O contexto é, daí por diante, este: instaurar no outro um Vazio central, um Lugar colonizado, despojado de toda vontade *beneficente* ou *maleficente*, a meu ver. Esse ato de domesticação (nem meu bem, nem meu mal) pelo contorno deste lugar vazio se conclui na declaração: "Tu és minha mulher, tu és meu homem." Esta palavra não é tomada de posse, mas ato de nascimento de um sujeito desejante, o "Tu és minha... tu és meu..." invertendo-se em "Eu sou aquele... aquela... que te falta, *porque* nenhum(a) outro(a) senão *tu* me falta".

Então, segundo esta lei do desejo, para além da tua imagem e do meu gozo do teu corpo, eu avanço. Avanço sozinho(a), de tal modo que do meu desejo nasce *em* ti um desejo ainda desconhecido. Tal é o encontro do outro em sua estranheza, no risco de uma palavra, na qual a arte de bem-dizer, na transfiguração da banalidade das nossas palavras quotidianas, nos permite nos adiantarmos um na direção do outro, na noite..., aguardando a aurora que iluminará nossos passos.

Mas é preciso aí um apoio, o da *lei do desejo*, de acordo com a qual a erótica do desejo se junta a uma palavra, na arte de consentir ao outro. A conjugalidade, efetivamente, funda-se sobre este *consentimento*, sobre este pacto que é o ato de dar sua fé e sua luva. Paul Claudel, nosso grande poeta do século XX, dizia: "Não é o amor que faz o casamento, mas o consentimento." Ele sabia do que falava: não de seu casamento legal, mas de um outro casamento fundado sobre o consentimento a este lugar vazio de onde, por sua arte de bem-dizer, nascerão a figura de Yzé, com *Partage de midi* [Partilha do meio-dia], e a de Doña Prouhèze com *Le soulier de satin* [O sapato de cetim]. Ele falava de uma conjugalidade secreta, íntima, com aquela a quem ele tudo devia, Rosalie Vetch, por ter recebido dela este segredo do consentimento ao outro.

É este consentimento que nos permite ir *além* das referências que são os traços comuns de identificação: traços de ordem cultural, religiosos, profissionais, políticos. O desejo não se funda aí, mas nos faz deixar nossas origens, isto é, o lugar de nossas raízes genealógicas, que constituíam nossa própria identidade. Emigração, perda, desapropriação, *mixité**, exogamia: esta é a via do encontro do desconhecido(a) em sua alteridade!

A aliança conjugal de acordo com a lei das trocas é uma explosão das fronteiras entre duas famílias; não se trata, com efeito, de reencontrar os traços comuns a cada família, mas de revirar toda fronteira pela qual a exclusão do estrangeiro estava, então, nos fundamentos da nossa identidade.

Mas, desse modo, não se pode evitar a seguinte questão: esta lei do desejo, de onde nos vem ela, portanto? Conforme que *transmissão* esta lei está um dia presente, e pode atualizar-se, quando um ou outro pólo do amor não é mais suficiente para fazer laço entre uma mulher e um homem, entre um homem e uma mulher?

---

* *mixité*: miscigenação. (NT)

3
Que lei transmitir?

Para poder enfrentar o risco do desejo, e manter seu consentimento ao outro, é necessário o apoio de uma lei. Todavia, ela não é inata; ela é recebida ou não. Conforme que transmissão?

A Sociedade Impotente

Deixar pai e mãe e fundar uma nova família, tal é a lei enunciada pelo discurso de toda sociedade humana. O antropólogo recolhe esse discurso: a proibição do incesto não é senão o avesso de um direito que é a lei das trocas entre as famílias, uma delas dando um filho, e a outra uma filha. O nascimento de um laço conjugal não provém do instinto ou da afetividade. Ele surge de acordo com a lei cultural da troca entre duas famílias, lei advinda da *sociedade*, como diz Claude Lévi-Strauss: "Ao opor-se às tendências separatistas da consangüinidade, a proibição do incesto é bem sucedida em tecer redes de afinidades, que dão às sociedades suas armaduras, à falta das quais nenhuma delas se manteria[1]."

Lévi-Strauss escrevia, então, no seu artigo "A família": "Com respeito à família, a sociedade não tem por preocupação primeira honrá-la e perpetuá-la. Tudo revela, ao contrário, que a sociedade desconfia da família, e lhe contesta o direito de existir como uma entidade separada[2]." É por isso que, da sociedade, pode-se dizer que as famílias "são ao mesmo tempo sua condição e sua negação[3]."

Sim, aí está o enunciado do discurso da sociedade em todas as culturas, sejam elas quais forem. Todavia, ai de nós! este é um enunciado que não faz senão *dizer* a lei, mas que não transmite absolutamente os meios de *executá-la.*

Voltemo-nos, portanto, para um outro lugar. Esta lei, em seu avesso e seu direito, transmite-se pela própria família, de pais a filhos, mas com uma condição: de que *a parentalidade deles se funde sobre uma conjugalidade*. De que maneira?

Um Lugar Marcado

É preciso distinguir dois tempos para esta transmissão, o primeiro deles condicionando o segundo.

O primeiro tempo é a instauração de um lugar, *pela* mãe — lugar inscrito em posição *terceira,* entre ela e a criança. Ele desig-

---

1 Claude Lévi-Strauss, in *História da família,* vol. I, Paris, A. Colin, 1996, Prefácio, p. 12.
2 Id., *O olhar distanciado,* Paris, Plon, 1983, p. 91.
3 Ibid., p. 92.

na o lugar de seu desejo, lá, lá longe, e não aqui: "Tu não és *o* que me falta." Tal é a mensagem transmitida à criança.

Este lugar é aquele do pai, não de uma imagem percebida pela criança, não o pai real (um homem tão bom!), mas o Pai como *nome* na *palavra* da mãe. Aí se encontra a primeira dimensão da paternidade. O pai existe na palavra de uma mulher, do contrário ele não existe. Com efeito, a paternidade é da ordem, não da verificação, mas da *fé*, isto é, do crédito dado à palavra de uma mãe, enquanto que ela não é *toda-mãe* voltada para a criança, mas primeiramente mulher.

Há aí algo de escandaloso, para o homem que se toma por um mestre. Na vida pública um responsável toma a iniciativa de designar-se *ele-mesmo* como tal. Ele se adianta, se propõe, livre para recolher, em seguida, o assentimento dos seus subordinados. Esse é o sentido antigo da palavra *pater*: um fundador. Entretanto, na família não é assim. *Para* a criança o pai terá sido (futuro anterior) primeiramente um lugar instituído *por* uma mulher. Este ato não se identifica necessariamente com a legalidade pública. Ele é de ordem privada, na particularidade de uma tal história.

Este lugar designa, por exemplo, o do marido, ou o do segundo marido após o divórcio, ou o do amante, ou aquele do homem que uma mulher teria secretamente desejado que fosse o pai de sua criança[4]. Hoje o leque é mais amplo: é o lugar do companheiro dito "concubino", ou do segundo marido, ou segundo companheiro, depois do divórcio ou separação. Mas, ainda mais, para a mãe esta dimensão terceira pode ser representada por um contexto profissi-

[4] Mediante o que, o marido é colocado, sem o saber, neste que Rabelais chamava de estado de "cornice". Cf. *Terceiro Livro*, capítulo XXXII, "Como Rondibilis declara que a cornice está naturalmente entre os apanágios do casamento".

onal, cultural, artístico, etc.; desse modo, há aquilo que se chama, na falta de melhor denominação, "monoparentalidade". Em Nazareth, há dois mil anos, para Maria, tal lugar era o de seu Deus, bem distinto do lugar legal e público dado a esse carpinteiro chamado José.

Mas por que tal poder da mulher? Não se trata de concorrência com o homem. O contexto está mais além; ele concerne à criança. De fato, muito cedo após seu nascimento, a criança reconhece, pelo olhar e pela escuta, o rosto e a voz daquela a quem chamará de "mamãe". Todavia a questão se lhe coloca: por que essa alternância de presença e de ausência?

Eu a chamo, ela vem. Depois se vai. Eu a chamo ainda, e ela não vem. Eu não a chamo, e ei-la. Que *sou* eu, portanto, para ela? Por que ela se ausenta?

Alternância infindável de hipóteses contrárias: sou eu *tudo* para ela? Assim, que angústia! Como estar à altura? Ou, ao contrário: então, eu não sou *nada* para ela, a não ser uma boca a preencher, e um ânus a limpar... três vezes ao dia? Como sabê-lo? É para enlouquecer diante do que aparece "como que" submetido à lei do arbitrário ou do capricho.

Ora, *somente* a mãe pode responder, dando a razão de sua presença/ausência, pela transmissão de um lugar *terceiro* entre ela e a criança. Ah! finalmente, nem tudo nem nada, mas entre-dois, relativo porque dependente de um desejo que não é sem lei, sem referência, sem significação. Então, torna-se possível respirar.

E é assim que se abre um porvir: tentar *ser* para ela aquilo que lhe falta, o que não é nada! Mas para poder encontrar disso o limite; o que não é tudo!

Um Lugar Vazio a Ocupar

Este primeiro tempo permite a passagem a um segundo, aquele que é o da presença de um homem, vindo ocupar esse lugar na medida justamente em que ele é vazio, e portanto marcado.

Ele ocupa esse lugar à *sua* maneira própria, e não de acordo com as ordens da mãe: faça isto, faça aquilo; dê a mamadeira, mude a fralda, etc. O pai não é o criado d'uma mulher. Portanto, o que é ele?

É certo que ocupa esse lugar vazio, ao ocupar-se da criança. Ele realiza tarefas, preenche um papel *junto* dela. Mas a *imagem* que se apresenta, assim, aos seus olhos é um véu, uma cortina. Essa imagem faz *limite* ao que é do seu gozo de homem. Este não está aí todo, inteiro, na sua relação com este filho, com esta filha.

Por sua função de tela, essa imagem estabelece uma diferença entre as gerações; ela institui uma borda não-franqueável, quanto ao *saber*, pelo filho ou filha, do gozo do pai *enquanto homem*. "Teu quarto é teu quarto, o meu é o meu!".

Seu gozo está além, mais-além dessa imagem de pai atento: "Isso não lhe diz respeito!"* Sim, certamente, o objeto do seu gozo é suposto ser o corpo daquela que a criança chama de "mamãe". Todavia, de *que* gozo se trata? Aí, resposta nenhuma! Cortina e boca fechadas! O pai é aquele que, encontrando seu gozo na sua *própria* geração, instaura uma *negação* quanto ao saber possível de seu gozo, *por* seus filhos ou suas filhas.

Efetivamente, nada demais catastrófico que o homem que, voltando-se para suas crianças, busca encontrar seu gozo, pri-

---

* A frase em francês é: *Ça ne te regarde pas!* Na tradução se perde o sentido de *regarder* = olhar, ou "Isso não te olha!", literalmente, e que retornará mais adiante no texto. (NT)

meiramente e antes de tudo, junto delas: dando voz a tudo, controlando tudo pelo seu olhar, fazendo-se presente, e intervindo em tudo. Evidentemente, tudo isso em nome do bem da criança; mas, de fato, é para estabelecer uma relação de gozo, sádica do seu lado, masoquista do outro.

Absolutamente ao contrário, o pai é o homem que tem uma vida privada. Isto quer dizer que ele priva a criança do *saber* sobre o seu gozo de homem — mediante o que, ele lhe permite poder *um dia* deixar seus pais, conforme a diferença intergeracional.

Um Estranho Paradoxo

Desse modo, a lei que a sociedade edita sob o nome de proibição do incesto, são os pais que a transmitem como lei do desejo, instaurando a verdade do encontro com um homem ou uma mulher saído(a) de uma *outra* família: "hetero-engendrado(a)".

Mas os pais a transmitem *na medida em que* sua parentalidade não é senão segunda, porque fundada *sobre* uma conjugalidade, sendo a mãe primeiramente uma *mulher* desejante de um homem, e o pai encontrando seu gozo *de homem* junto de uma mulher. Há aí um paradoxo: eles mesmos transmitem às crianças o poder de deles se excluírem; e, inversamente, as crianças excluem-se de seus pais, por nenhuma outra razão que sua própria filiação.

É o paradoxo da subtração criadora. Como dizia Hölderlin, Deus criou o mundo como o mar criou a praia, retirando-se. Aí está o segredo do engendramento: uma retirada que engendra o dois, a partir do Um.

Assim, deixar pai e mãe não é rejeitá-los em favor de uma errância sem eira nem beira; mas também não é mais ficar a eles atado, fazendo-se de sustentação da vida deles. Nem ódio nem amor, mas, graças à lei do desejo, um outro contexto: poder voltar-se *por sua vez* na direção da geração seguinte, por sua *própria* conjugalidade. Dito de outro modo, o amor descende, mas não ascende: esta é a lei implacável. Com efeito, a única maneira de honrar pai e mãe, não é tornar-se pai e mãe... graças a eles?

Uma Evidência a Esvaziar*

Assim, tornar-se por sua vez pai e mãe, excluindo-se da origem, permite finalmente renunciar ao Pai Ideal. A manutenção da demanda antiga, endereçada a um pai que seja um senhor, um *dominus*, não tem mais fundamento. Com efeito, o próprio do real do pai é precisamente permitir, enfim, aos filhos e às filhas, que façam, pouco a pouco, o luto dessa imagem paterna todo-poderosa, e digna de ser admirada: alta estatura, forte estatuto, bela estátua. O pai *real* é para ser definido como aquele que transmite este poder de reconhecer que homem nenhum, no mundo, encarna essa imagem. Fazer dela o luto é passar da impotência atribuída a *tal* pai, ao impossível de *todo* homem, qualquer que seja ele, pai de família, educador, artista, militante político, e mesmo responsável religioso!

* Em francês, *Une evidence a é - vider*. (NT)

4
Para uma pluriparentalidade

Vimos o que cada um como filho, cada uma como filha, recebe de seus pais, se tiver havido uma verdadeira conjugalidade: um lugar marcado *pela* mãe, e ocupado à sua maneira *pelo* pai. Essa verdade, de ordem estrutural, é a mesma desde o início dos tempos.

Todavia, sua manifestação pública e legal mudou radicalmente nos dias de hoje. Durante séculos, era pelo ato do casamento que essa verdade era *reputada* passar *toda inteira* do âmbito privado ao público. Dessa maneira, "*pater is est quem nuptiae demonstrant*[1]". Essa "monstração" pública, era suposta *dizer* o lugar marcado pela mãe e ocupado pelo pai, a partir do próximo nascimento.

Era evidentemente este o discurso oficial. Oficiosamente, podia ser muito diferente, a mulher tendo um amante, e o marido uma amante, ou tendo um encontro passageiro com uma jo-

---

1 *Digeste*, 2, 4, 5.

vem dita "alegre". Mas a discrição e o pudor eram a regra para salvaguardar a continuidade, no tempo, do casamento indissolúvel. Da mesma forma para a procriação; as "fazedoras de anjos" não faltavam. Ou, na falta desse "fazer"-aí, a criança era abandonada pouco depois do seu nascimento. Este número era extremamente elevado; por exemplo, mil e setecentas por ano, em média, na Paris de 1710 a 1721, com perto de seis mil somente no ano de 1772. Em Lyon, mil e quinhentos abandonados em 1760; em Marselha, mais de quinhentos no ano de 1788. Às vésperas da Revolução, em Paris, uma criança em cada três era abandonada[2]. Mas, mesmo aí, anonimato e segredo eram a regra. A torre engastada no muro dos conventos e dos hospícios tinha essa função.

De tal maneira, na tradição de nossos ancestrais, uma disjunção se operava entre o privado que se diz publicamente, de acordo com a legalidade comum, e o privado no sentido etimológico, aquele a que é privado o dizer público. Ora, esta disjunção entre duas espécies de "vidas privadas" desgastou-se pouco a pouco com a modernidade, tendo sido substituída por uma outra, de ordem temporal: entre um passado e um presente. Nós substituímos a sincronia pela diacronia.

Dito de outro modo: conforme à lei, há hoje publicidade da descontinuidade entre duas situações parentais, sucessivas e não simultâneas.

A *primeira* figura dessa mudança é o desenvolvimento atual do que chamamos as famílias "recompostas". Na seqüência de um divórcio pós-casamento (um em cada três, na França), ou de uma separação entre pais que viveram como casal sem se casar (uma

2 *A ajuda à infância amanhã*. Estudos e documentos, Ministério da Saúde, 1980.

criança entre três nasce assim na França), a mãe — mais que o pai — "recompõe" uma nova família, com um outro marido ou um outro companheiro, colocando um ou outro em posição de "padrasto".

Há recomposição: um passado se fecha, um porvir se abre entre uma tal mulher e um tal homem. Mas o que é isto *para* a criança? Quais são as conseqüências? A situação atual apresenta-se assim: às questões propostas pela disjunção entre passado e presente, se quer responder à criança por uma *separação* entre a conjugalidade da mãe, de um lado, e do outro o interesse das crianças. O que se passou com a mãe, enquanto mulher separada de um homem, e vivendo com um outro, não diz respeito às crianças: discórdias, violências, queixas e sofrimentos concernindo a seus pais, devem ficar entre os dois, e não invadir a vida quotidiana e as preocupações das crianças.

E é então que, como retorno, essa fachada estando colocada, o bem e o interesse das crianças poderão prosseguir tranqüilamente... tão bem como, ou melhor que antes. Isto é possível graças à mãe, primeiramente e na seqüência, em um entendimento cordial com ela, graças ao pai (se ele assim o quiser), e cada vez mais graças ao "padrasto". Ah! que o passado seja por fim esquecido! *Somente conta o presente* para a felicidade das crianças, no *apagamento das causas* da "decomposição". Queda do passado e exaltação do presente realizam-se para as crianças, por essa *duplicidade* da relação dos adultos com eles: silêncio sobre a conjugalidade (não é este o problema deles!), palavra trocada sobre a parentalidade mais forte que nunca.

Esse apagamento do passado é ainda mais exigível com uma *segunda* figura, aquela do que se chama a "família monoparental". Uma mulher, depois de um encontro passageiro com um homem, ou depois do divórcio, cria sozinha sua ou suas crianças. O homem se foi, por sua própria vontade, ou por ter sido rejeitado pela mãe. É por isso que se diz "família monoparental", para distingui-la do caso em que, tendo a mãe enviuvado, o pai "existe" sempre... para ela e suas crianças!

O importante nessa "monoparentalidade" é que a mãe vive, no presente, e se volta inteiramente para seus filhos. O pai caiu no esquecimento, e só o silêncio da mãe responde às perguntas do filho ou da filha.

Efetivamente, o saber das origens é julgado como encontro de verdades traumatizantes. É conveniente, portanto, fazer o luto do passado, graças ao esquecimento e ao segredo.

Adiantemos um novo ponto, com essa *terceira* figura, que é a da adoção legal. O ideal buscado é o da adoção plena; assim, os adotantes seriam verdadeiros pais, graças ao apagamento do passado: ser pai (ou mãe), não é estar situado na origem de uma história, para engendrá-la a partir do ponto zero?

A essa última figura liga-se a lei francesa do parto "sob X", instaurada em 1941, sob Vichy, para a "felicidade" dos bravos soldados aprisionados na Alemanha (felicidade dos reconhecimentos no dia do retorno ao lar, na ignorância dos "fatos"). Mas para além das circunstâncias essa lei permanece imutável, na França, quanto ao segredo mantido[3]. Uma mulher, grávida acidentalmente, não tem o direito de decidir sobre o anonimato definitivo do parto? Efetivamente, numa situação de aflição, ela se escora no seguinte dilema, do qual se acha prisioneira: *ou bem*

---

[3] Sobre este ponto, as páginas justas e severas de G. Delaisi e P. Verdier, em *Criança de ninguém*, Paris, Odile Jacob, 1994, p. 111-133.

o sentimento de incapacidade, com relação ao discurso oficial sobre a mãe ideal, e insubstituível para a "felicidade" da sua criança; *ou bem* a exclusão definitiva, pelo apagamento de sua identidade, para a "felicidade" dos pais adotantes. Dilema implacável, por essa lei, que só existe na França: não somente o filho ou a filha não poderá reencontrar a identidade de sua mãe, mas, mais ainda, essa nunca se remeterá a eles, "não saindo de um processo interminável de luto[4]".

Assim, de acordo com essas três figuras da nossa modernidade, por três vezes, *supõe-se* que um porvir não se pode abrir, a não ser que um passado se apague. Todavia, qual será disso a conseqüência para a criança, à medida que ela cresce?

O Verdadeiro Contexto

O silêncio sobre o passado, para que seja possível voltar-se para o porvir, seria justificado por este postulado: houve, no passado da história da mãe, acontecimentos considerados insatisfatórios, penosos e insuportáveis, os quais culminaram numa separação, num divórcio ou num "remetimento" do sujeito à Assistência social à criança. A revelação das suas causas seria *traumatizante* para o filho, ou para a filha. O silêncio e o segredo portanto se impõem, de sorte que o presente o carrega, a qualquer preço, para um futuro melhor.

Ora, essa posição, que se quer fundada sobre "o bem da criança", não se sustenta. O filho, ou a filha, interroga a mãe por

[4] Ibid., p. 291.

uma palavra a ela dirigida, seja diretamente, seja pelo desvio dos diversos sintomas. Cedo ou tarde, mas inevitavelmente, há apelo, cujo contexto é o da identidade: *de onde* nasci eu? E por aí vai: *que* sou eu, portanto? Como dizia Freud: *Wo Es war soll Ich werden* (lá onde isso era, eu devo advir).

E, a essa questão, é a mãe quem, *em primeiro lugar*, pode responder, com efeito. O contexto é o da *historicização* do desejo da mãe enquanto *mulher*, sem escotomizar o encontro, e o laço, com um tal homem, de onde nasceu o sujeito. Esse encontro não é redutível ao "biológico": seria engano ou asneira qualificá-lo assim. Essa verbalização historicizante do desejo da mãe é fundadora em seus efeitos sobre o sujeito, *mais-além* da felicidade ou da infelicidade desses acontecimentos passados.

Ela tem por conseqüência, a colocação do filho(a) em marcha, para executar diligências com vistas a um possível encontro com o homem ausente. Desse modo, a efetuação desse encontro, seja lá o que for dito, terá como efeito o fazer tombar a idealização de sua imagem, sustentada no silêncio e no afastamento.

Mas acontece que este projeto, vislumbrado graças à palavra da mãe, não pode verdadeiramente se realizar sem a ajuda da sociedade em posição terceira. É aí que a ordem jurídica ocupa um lugar importante, permitindo ao sujeito concernido as buscas sobre o passado ou, ao contrário, impedindo-as em nome de uma pretensa suficiência da família atual, "recomposta", ou "monoparental", ou "adotiva".

Aí está o decisivo, conforme essas três dimensões: palavra da mãe, encontro com o "pai" (ou a mãe tendo parido "sob X") e intervenção da sociedade jurídica. O contexto é claro: o reconhecimento de uma *pluriparentalidade* na história do sujeito moderno. Essa coparentalidade é ainda hoje recusada, porque é interpretada em termos de concorrência ou de competição: seria preciso escolher entre o passado e o presente. Porém não se faz luto esquecendo; está bem aí a descoberta freudiana: não se realiza o luto do acontecimento senão partindo o pão da palavra, que diz a dor da perda. Não se deixa a origem, a não ser sabendo o que se perde graças a uma palavra trocada no presente. Assim, uma pluriparentalidade toma lugar, ao se levar em consideração *toda* a história, que não cessa de engendrar o sujeito.

5
Fazer silêncio não é se calar

O problema colocado pela pluriparentalidade, de acordo com as três figuras que ela nos apresenta, é o da memória.

Deve-se transmitir à geração seguinte o relato do acontecimento doloroso que a precedeu? O que é mais traumático, o não-dito *ou* o dito do acontecimento? Isto não diz respeito somente à transmissão aos filhos(as) dos acontecimentos que precederam suas entradas no mundo, mas, bem mais amplamente, à transmissão daquilo que se chama atualmente a *Shoah*.

Ora, como para a pluriparentalidade, os franceses estão, sobre este ponto, profundamente divididos quanto à resposta a ser dada à pergunta: como fazer o luto de um passado, para voltar-se para o futuro?

Para uns, um porvir não se pode abrir senão esquecendo-se um passado traumatizante. Para outros, ao contrário, só a memória do trauma, partilhada na palavra, permite, ao levantar o segredo, engendrar um novo futuro.

Hoje, meio-século depois da *Shoah*, o debate não pode ser evitado. Ele se impõe; o que foi descartado retorna deslocado, em diversos sintomas, com a chegada de uma nova geração, segundo essa lei implacável: são necessárias três gerações para que a verdade fale.

O Não-Dito Familiar

Primeira constatação: o relato dos acontecimentos da colaboração francesa com o nazismo não pôde ser dito no interior de cada família. Em primeiro lugar, em nome do bem-estar: para que fazer pesar sobre as costas dos sobreviventes uma lembrança dessas? Mas, mais ainda, em nome do impossível da linguagem: existem experiências que só se pode viver, e que a palavra não pode senão trair.

Ora, no que concerne ao não-dito familiar, revela-se uma estranha *similitude* entre os descendentes das vítimas e os outros.

Quanto aos primeiros, a segunda geração foi marcada pelo silêncio de seus pais. Como disse Bruno Bettelheim, que viveu em Dachau e em Buchenwald: "É essa incapacidade de nomear e de descrever o que oprime que obriga a enterrar as coisas tão profundamente que se torna impossível atingi-las[1]." Para aqueles da geração seguinte, "seu destino os impediu de carregar o luto de seus pais, de chorá-los, e por isso suas velhas feridas não podem cicatrizar-se[2]".

---

[1] Bruno Bettelheim, *O peso de uma vida*, Paris, Laffont, 1991, p. 274.
[2] Ibid., p. 278.

Pois bem, é a mesma situação que pesou sobre os descendentes dos cúmplices, dos indiferentes, de todos aqueles que fazem parte do que Primo Levi chama de "zona cinzenta" dos "bem-como-se-deve", dos "bem-apropriados". Dan Bar-On, um psicólogo israelita, interrogou filhos e filhas de dignitários nazistas. Em toda parte a mesma constatação: nenhuma transmissão[3]. Porém Peter Sichrovsky, em *Nascer culpado, nascer vítima*[4], vai mais longe ainda. Ele entrevistou, na Alemanha e na Áustria, a geração oriunda das vítimas e dos carrascos; ficou surpreso de encontrar este traço *comum*: todos se dizem vítimas d'uma falta de transmissão da parte de seus pais ou avós.

Estas situações concordam com a situação dos franceses, de qualquer lado que se encontrem. Um *mesmo* não-dito familiar faz retorno na terceira geração.

Essa similitude, Hélène Piralian, em seu livro *Genocídio e transmissão*[5], pôde constatá-la a propósito dos efeitos, sobre a terceira geração de armênios, do silêncio imposto ao genocídio de mais de um milhão de armênios, em 1915-16, pelo governo turco: "Há, escreve ela, uma dupla vítima-carrasco, na qual os herdeiros de uns e de outros se acham aprisionados" (p. 30), dupla infernal que se agita numa "cena incontornável escondida no interior de *cada* herdeiro, seja ele herdeiro de carrasco ou de vítima" (p. 111).

---

[3] Dan Bar-On, *A herança infernal*, Paris, Eshel, 1991.
[4] Peter Sichrovsky, *Nascer culpado, nascer vítima*, Paris, Maren Sell, 1987.
[5] Hélène Piralian, *Genocídio e transmissão*, Paris, L'Harmattan, 1994.

O Não-Dito Público

Pode-se constatar em todos os casos que, quando a transmissão privada faz falta, ela consegue um dia instaurar-se, quando encontra um *apoio* no discurso público.

Ora, foi esse exatamente o apoio que faltou, na França, com o não-dito oficial. A partir de 1945, uma memória coletiva se constitui como organização do esquecimento, graças às palavras do poder político e judiciário. Por uma seleção das recordações, o contexto é o de instituir uma só memória, como condição da identidade nacional. Paz civil, unidade, reconciliação, com vistas a um futuro comum, que requer todas as vozes, esta é a primeira urgência política.

Dessa forma, o extermínio de seis milhões de judeus não pode ser atribuído senão ao nazismo alemão. Quanto aos franceses, o importante não é dizer qual foi a sua posição em relação aos judeus. Ainda que isto não seja um "detalhe", a urgência do discurso público é a de deslocar nosso olhar, e de levá-lo alhures: a França fez resistência à Alemanha; ela salvou a honra — certo, de diversas maneiras! —, mas ela o fez e ela não tem que se envergonhar de seu passado diante dos Aliados. O argumento oficial foi a teoria do coronel Rémy, a da complementariedade da espada e da bainha. A solidariedade nacional exige que se proclame que a bainha da colaboração com o nazismo tinha permitido esperar que brilhasse, enfim, o clarão da espada da Resistência e da Libertação. Com efeito, o discurso político não vê outra via, para suplantar a recordação das infelicidades, a não ser apagando o traço da culpabilidade.

Foi assim também para o discurso do poder judiciário. Houve o período dito da depuração, em que foram julgados alguns grandes nomes, mas sempre a título de uma "traição" da França, em proveito de seu inimigo, a Alemanha, e não em razão de um anti-semitismo exterminador. A especificidade da questão judaica foi esvaziada durante os processos pós-Libertação. Efetivamente, o anti-semitismo francês não seria mais que uma querela entre a III[a] República e o regime de Vichy — querela a ser "esquecida", em vista de uma unidade a instaurar.

Mas eis que trinta anos mais tarde — o tempo de uma geração — um vento novo se põe a soprar, graças aos historiadores. O arquivo saído dos armários é tornado público. O escrito toma o lugar da palavra ausente. O trabalho dos historiadores faz sair da sombra o que os horrores da "solução final" tinham durante muito tempo mascarado: a política antijudaica francesa de 1940-1942. Em *Vichy e os Judeus*, M. Marrus e R. Paxton escrevem: "A política antijudaica de Vichy não foi somente independente da política alemã; ela foi sua rival. Vichy lutou contra a autoridade ocupante para afirmar sua soberania nos assuntos antijudaicos e para conservar as vantagens do confisco e do controle dos refugiados[6]."

Quanto à população, essa tinha outras preocupações, mais urgentes que os sofrimentos dos judeus, e essencialmente esta: depois da derrota da III[a] República, a restauração do ufanismo nacional por Vichy.

Este desnudamento feito pelos historiadores provocou uma reação imediata, de ordem polêmica: por que esses universitários se intrometem? Sua objetividade sábia necessita de uma interpretação, sob pena de fazer crer à opinião pública que o povo francês não se identificaria, de maneira constante e imutável, à República. A

---

[6] M. Marrus e R. Paxton, *Vichy e os Judeus*, Paris, Calmann-Lévy, 1981, p. 506.

resposta não demorou: a França é a República — ora, Vichy não tem qualquer legalidade republicana —, portanto, Vichy não é a França. Desse modo, *não foi* a França que perseguiu os judeus; ela não tem do que se censurar, ou do que se fazer perdoar. Nada de masoquismo malsão, por favor! A memória se torna seletiva: ela designa onde está a França, aos olhos das gerações que virão.

É então que, em abril de 1985, as telas exibem *Shoah*, de Claude Lanzmann. Nem julgamento político, nem saber de professor, *Shoah* marca uma data. Faz ato de memória para a terceira geração, de tal modo que o povo inumerável dos desaparecidos vem assombrar nossa vida, exigindo um ajuste de contas, desde seu além-morte-sem-tumba, para que sua dignidade lhe seja restituída. A palavra é dada às testemunhas anônimas, sem distinção de nacionalidade, sem diferença entre cúmplices dos carrascos e sobreviventes das vítimas: durante nove horas, o puro testamento da catástrofe, aquela que fez fissura para sempre entre o antes e o depois de Auschwitz. Na brutalidade do relato, sem pregação nem estetismo, pela primeira vez, o universal e o horror não faziam senão um.

Do Intransmissível

Nos dias de hoje, em razão dessa ausência de transmissão privada e pública durante duas gerações, temos que nos defrontar com uma questão inteiramente outra: não somente "*o que* foi a *Shoah*?", mas "*por que* a *Shoah*?".

É sobre este ponto, depois de meio-século, que a terceira geração se divide. Com efeito, se não era confortável reconhecer os fatos outrora, hoje não é confortável reconhecer o *enigma*, a saber: ao "por que a *Shoah*?" não se tem resposta. Há um incomensurável da *Shoah*, um não-identificável que cava um oco, um lugar de fora-do-sentido, a ser respeitado como única resposta ao "por quê?". O relato dos acontecimentos deve permanecer nu e estranho à interpretação; não há nada do relato que possa traduzir-se em outras palavras, que seriam hermenêuticas e lhe dariam o sentido. Essa sufocação da palavra, Maurice Blanchot a disse admiravelmente: "O holocausto, acontecimento absoluto da história, historicamente datado, essa fogueira na qual toda a história se abrasou, onde o movimento do Sentido se abismou, onde o dom sem perdão, sem consentimento, foi arruinado sem dar lugar a nada que pudesse se afirmar, negar-se, dom da própria passividade, dom do que não se pode dar[7]."

Jó interrogava: por que a infelicidade caiu sobre mim? Jesus interrogava: Pai, por que me abandonaste? Eles admitem um não-saber, e não respondem no lugar de Deus.

Assim Jacques Sommet, voltando de Dachau, poderá escrever: "A única via possível é precisamente a da relação a Deus, um Deus incompreensível. O abandono à incompreensibilidade de Deus permanece soberanamente possível[8]."

Pois bem, é a partir do respeito ao enigma da não-resposta ao "por que a *Shoah*?" que um novo contexto hoje se abre, com a terceira geração: um encontro entre os descendentes dos cúmplices dos carrascos e os descendentes das vítimas. Não é possível, a partir do reconhecimento mútuo do *impossível* da resposta que levantaria o enigma?

---

[7] Maurice Blanchot, *A escrita do desastre*, Paris, Gallimard, 1980, p. 80.

[8] Jacques Sommet, *A honra da liberdade*, Paris, Centurion, 1987, p. 122.

Gershom Scholem escrevia em *Fidelidade e utopia*: "Em verdade, não é possível ter noção da medida exata do acontecimento que se produziu — a incompreensibilidade faz parte de sua essência. Não é possível nem compreendê-lo perfeitamente, nem incorporá-lo à nossa consciência. Eis aí um voto que, por sua própria natureza, não pode ser satisfeito." E partindo daí ele interrogava: "Podemos nós, sim ou não, nos encontrar mais além desse abismo? Não sei. Um abismo, aberto por acontecimentos inexprimíveis, impensáveis, não poderá nunca ser franqueado? Quem pode ter a presunção de dizê-lo?[9]"

A Recusa do Enigma

Quem pode efetivamente dizê-lo, estando dada a tentativa inversa de suspender o enigma, respondendo ao "por quê"?

Essa resposta se apresenta atualmente de acordo com três discursos.

Uma resposta religiosa

Os sábios de Israel souberam responder: o mal que se abate provém de uma intenção divina; ele se explica pelas faltas do povo.

Desse modo, a psicóloga Nathalie Zadje, neta de deportados para Auschwitz, soube fazer falar, e escutar, a terceira gera-

---

[9] Gershom Scholem, *Fidelidade e utopia*, Paris, Calmann-Lévy, 1978, p. 99.

ção de sobreviventes, e tira daí as seguintes conclusões, em seu livro *Sopra sobre todos estes mortos, e que eles vivam*[10]. Um primeiro imperativo se impõe: levar em consideração o pensamento religioso. Com efeito, "o que se passou é necessariamente pleno de sentido, e justo segundo a lógica divina[11]". Achar a razão da *Shoah* implica, portanto, na interrogação dos textos bíblicos. Dentre os sentidos que aí abundam, um é particularmente claro e constante: o sofrimento é um castigo infligido por Deus a seu povo, na medida das suas faltas. Assim, a *Shoah* encontra seu sentido, como holocausto e resgate dos pecados cometidos.

Mas um segundo imperativo se acrescenta. Efetivamente, essa mestria do sentido tem um lugar próprio: o passado da comunidade, ao mesmo tempo étnica e religiosa. Para cada um, fazer sair a *Shoah* do absurdo é colocá-la num mundo de sentido *partilhado*, fora do íntimo e do individual. Ora, isto não pode se realizar senão pela sua inscrição numa *origem comum*, cultural, étnica, ritualizada, graças à filiação do sujeito a seu grupo pertinente. Com efeito, "o mundo dos Direitos do Homem, do homem universal, não pode dar conta dos avós que partiram na fumaça[12]".

O saber teológico

Essa resposta religiosa é tradicional; ela nada acrescenta. É por isso que o filósofo Hans Jonas, em *O conceito de Deus*

---

[10] Nathalie Zadje, *Sopra sobre todos estes mortos, e que eles vivam*, Paris, La Pensée sauvage, 1993.
[11] Ibid., p. 97.
[12] Ibid., p. 240.

depois de Auschwitz, responde de outra maneira: "À experiência judaica da História, Auschwitz acrescenta algo de inédito, de que as velhas categorias teológicas não poderiam dar conta[13]." Procurar uma resposta nova é se despedir do conceito de Deus como "Senhor da História". Se Deus se calou em Auschwitz, não é porque ele não sabia, nem porque não queria, mas "porque não podia[14]". Efetivamente, Deus é criador; e, por este ato, Ele consente na liberdade do homem, e portanto, Ele admite por isso mesmo uma autolimitação de Sua própria soberania. Assim, o fiel não é uma criança protegida contra o mal por seu pai, mas um adulto responsável por seus atos e que aceita a impotência divina.

Hans Jonas *sabe*; ele suspende o enigma do inédito da *Shoah*. O teólogo Joseph Moingt vai mais longe: de Deus pode-se dizer que é assim *desde a origem do mundo*: Deus não é *Todo-poderoso*: "Ele abdica da potência e renuncia impor-se pela força, pai que reconhece, portanto, nos seus filhos a liberdade de obedecer ou não a ele, *Pai não-potente*[15]." Por que é que Deus se despoja assim das armas da onipotência e recusa-se a intervir neste mundo? Em razão mesma da criação: "Depois de ter dado a vida, resta ao pai perder a sua, isto é, renunciar à posse *daquilo* que engendrou, à potência sagrada que a paternalidade conserva do engendramento da vida, para se fazer livremente reconhecer, e aceitar, por *quem* ele deseja ser amado, pois a relação entre *sujeitos* implica na gratuidade[16]."

---

[13] Hans Jonas, *O conceito de Deus depois de Auschwitz*, Paris, Payot/Rivages, 1984, p. 13.
[14] Ibid., p. 34.
[15] Joseph Moingt, in *Do pai à paternidade*, Paris, L'Harmattan, 1996, p. 55.
[16] Ibid., p. 63.

Dessa forma, Auschwitz nos obriga doravante a fazer, enfim, o luto do Pai Ideal, do Todo-Poderoso, que a criança em nós chama e espera.

O REVISIONISMO

Em oposição ao negativismo, que nega os fatos, o revisionismo os explica nodulando-os a um saber que lhes *dá* sentido. A *Shoah* torna-se, então, uma catástrofe dentre outras. O revisionismo escamoteia o incomparável.

Sua crítica enuncia-se assim: o culto da memória acentua o particularismo de grupo; ele conduz à sacralisação da *Shoah*, na repetição compulsiva de sua recordação, para fazer surgir daí um fluxo ininterrupto de sentido.

Não se trata aí de traição da função da transmissão, ao se redobrar sobre o passado? Essa função não tem nenhum sentido se não engendra um porvir novo? Ora, tomar a *Shoah* por um acontecimento singular e incomparável em nada nos esclarece sobre o presente. Fazer dela um horror absoluto é privar-se de uma lição bastante útil, no sentido de responder aos novos horrores ainda por nascer.

Longe de submeter o presente ao passado, a verdadeira transmissão é servir-se do passado, para *ver* mais claro a propósito das *Shoah* que estão por advir, e *agir* sem demora, para que elas não se realizem. Resumidamente, a *Shoah* não está reservada ao povo judeu; ela não é propriedade de ninguém. Tal é o ato de transmitir: desidentificar o acontecimento, para que dele se trace um novo futuro *para todos*,

Então, deve-se substituir a pergunta: "por que a *Shoah*?", por outra: "o que fazer disso?", e responder dando-lhe a significação de uma função ensinante e política de exemplaridade: vede aquilo que um futuro a ser preparado *conjuntamente* exige que não se repita!

Manter esse revisionismo, que retira do povo de Israel a propriedade da *Shoah*, é provocar a reação de certos descendentes das vítimas, que se dão em resposta a missão de reivindicar sua identidade, e de esgotar-se nessa afirmação pública, para não afundar-se novamente no sem-nome-sem-lugar da poeira dos fornos crematórios.

Conclusão

Pela primeira vez depois de meio século, temos um caminho a trilhar, a partir desta *dupla* recusa, a de calar-se sobre o acontecimento, e a de suspender o enigma da sua significação.

Nossa história não pode mais ser vivida como antes. Então, se ela não cede à tentação do retorno às particularidades identificatórias, essa geração será aquela que, a primeira, poderá instaurar sobre a *Shoah* uma linguagem que esteja à altura da nossa modernidade, se se entende por tal o que escrevia recentemente Annette Wieviorka em *Deportação e genocídio*: "A modernidade se caracteriza pelo fato de que a identidade se destaca do grupo, não é mais um dado inicial que repousa sobre alguns elementos simples, mas uma construção pessoal, aleatória, evolutiva e complexa[17]." Mais que nunca, o inicial está exposto ao aleatório do encontro do próximo e à surpresa da sua alteridade.

---

[17] Anne Wieviorka, *Deportação e genocídio*, Paris, Plon, 1992, p. 332.

O saber de um gozo

1
O sexo e o sagrado

A sexualidade é traumática, ou não é. Ela surge no inesperado, surpreende na estranheza, angústia frente ao enigma: de que se trata?

Assim, ela atropela nossa existência, seja de dentro ou de fora. De dentro, no dia em que a criança, o adolescente ou o adulto se ressentem de uma pulsão até então desconhecida, que vem subverter suas referências, suas condutas e suas relações.

Mas ela advém também de fora. Ela é despertada a partir de um gesto de outrem, da imagem de um filme, d'uma leitura de romance, de um olhar insistente ou de uma palavra que a nós se endereça. A cada vez, nossa intimidade é surpreendida, como que violada. Somos, então, atirados na interrogação.

Com efeito, seja qual for sua origem, de dentro ou de fora, a sexualidade acorda como um soco. E é assim que tomou lugar essa resposta milenar: essa violência vem do *outro sexo*. Para o homem, que se quis senhor dele, a mulher é o "veneno" que o torna frágil e vulnerável; para a mulher, que aprendeu a proteger-se do perigo, o homem é aquele que se acredita obrigado a ser senhor, isto é, obrigado a impor-se a ela sob pena de não ser verdadeiramente um homem; ele *o* crê, ele crê *aí*.

Ora, esta resposta é esclarecedora; ela nos faz signo de que a sexualidade coloca-nos de chofre a questão da *relação masculino-feminino*. Há a diferença sexual; e é essa a verdadeira violência. Nós deveríamos, portanto, saber enfim no *que* consiste aquela diferença.

E é bem por isso que o gênio de cada cultura, de cada religião, de cada forma de educação, terá tido que *inventar* uma via que permita responder ao inevitável: como fazer o melhor, ou o menos mau, com a *diferença* sexual? Pode-se-lhe dar, ou não, uma finalidade? É certo que, frente a esta questão, as respostas foram diversas. E, no entanto, as respostas não se multiplicam ao infinito. A imaginação humana tem seus limites. O importante, para cada um, é partir da herança adquirida para encontrar sua *própria* via e, desse modo, sair dos impasses de seu passado.

Se se pára de esquecer de onde viemos, se decifrarmos os traços das antigas culturas com a ajuda dos antropólogos e dos historiadores, somos então levados a esta constatação: a diferença sexual não vem do sexo em si, mas da ordem sagrada na qual tem lugar. O sexo, na origem, com os Antigos, se diz na diferença homem-mulher, porque a sexualidade é participação biocósmica do sagrado. É nesta ordem do sagrado que a diferença sexual tem seu fundamento. E é aí que ela encontra uma *unidade*, que faz *relação* entre o homem e a mulher.

Para ver isso, devemos precisar o que é o sagrado em todas as culturas, independentemente daquilo que o judaico-cristianismo trouxe. O sagrado se opõe ao profano enquanto que a esfera biocósmica é a da vida em sua exuberância, sua permanência, sua eternidade, e por isso mesmo em sua natureza divina. A ordem celeste dos astros, a luz dos raios solares, o renascimento vegetal e animal, o calor genital, a beleza das formas, são os sinais daquilo que o Cosmo guarda de força, de energia e de potência divina.

O profano, ao contrário, nada revela. Ele é o lugar, ao mesmo tempo, da precariedade e da imobilidade das coisas, de acordo com a fixidez das regras da autoconservação da vida que surgem das técnicas de arranjo e de proteção do que já está lá, situado num espaço de duas dimensões, estendido sob o olhar e por ele dominado.

Todavia, essa oposição entre sagrado e profano não é a mais importante. Para o sujeito humano, para o homem dito primitivo (sempre presente, de qualquer modo, no dito homem moderno), o importante é a oposição interna *ao* sagrado em-si, na medida em que a experiência do sagrado é a da sua ambivalência, em sua virtualidade ambígua: benéfica e maléfica — pura e impura — trazendo esperança e terror — instaurando santidade e mácula.

Pois bem, estes dois pólos de atração e de horror, de coesão e dissolução, de um dentro familiar e de um fora estranho, definem, *ao mesmo tempo*, o sagrado e o sexo. Um e outro têm a mesma dualidade de vida e de morte, dualidade de ordem divina biocósmica. E a função, tanto do rito quanto da festa, é a de *unificar* estes dois pólos, de reconciliá-los, e de manifestar publicamente sua *harmonia* recôndita.

Efetivamente, a diferença masculino-feminino é *uma* das manifestações, dentre outras, dos dois princípios da ordem sagrada biocósmica. Se essa diferença é vivida como uma oposição, então, para o homem e para a mulher, o encontro do outro sexo se faz no horror, no perigo e no temor do malefício. Do lado do homem: a potência pura em sua violência, de acordo com a significância da turgescência fálica. Do lado da mulher: a potência escondida, aquela que é velada, mas que a todo instante pode tornar-se visível.

A função cultural não é a de refugiar-se no profano; ela é, porém, a de fundar, *com* o sagrado, a diferença sexual na unidade e na harmonia. Como diz W. Shubart, "é uma crença arcaica que, para engendrar, o homem necessita do concurso de potências sobre-humanas, que no ato sexual os homens e os deuses unam suas energias e misturem seus sucos, em prol de uma obra comum. A divindade nunca está tão próxima do homem quanto nesse instante[1]."

A conjunção homem-mulher é comércio, troca e colocação em ato da fecundidade biocósmica. Ela é comércio com a potência divina e circulação de energia sagrada no curso da festa erótica. A diferença sexual, pois que ela é diferença de *complementariedade*, funda-se sobre uma *unidade* que faz relação entre um e outro. Esta unidade de origem, inscrita no Cosmo, repete-se para um eterno retorno às forças originais. O relato mítico não tem outra função que a de evocá-lo. Esta concepção unitária, colocada no fundamento da diferença homem-mulher, é a própria essência do paganismo; ela nos fascina sob diversos aspectos: *yin* e *yang*, atividade e passividade, dom e receptividade, etc.

Ela faz parte daquilo que os Gregos nos transmitiram; sua representação do mundo repousa, efetivamente, sobre o princí-

---

1 W. Shubart, *Eros e religião*, Paris, Fayard, 1972, p. 29.

pio da dupla polaridade, situada no fundo de todas as coisas, compreendida aí a diferença masculino-feminino. Os pitagóricos, por exemplo, no dizer de Aristóteles, "reconheciam este dito princípio, que listavam em duas colunas paralelas:

limitado e ilimitado
par e ímpar
um e múltiplo
masculino e *feminino*
em repouso e movente
retilíneo e curvo
direito e esquerdo
luminoso e obscuro
bom e mau
quadrado e retangular[2]".

Assim, toda a arte de uma erótica seria a de suplantar a angústia da diferença sexual, para encontrar no outro sexo a verdade da sua diferença, isto é, o que falta a cada um para fazer Um *com* o outro. Isto é *possível*, porque esta unidade é a própria lei do Cosmo como totalidade finita e proporção perfeita.

Ora, esta concepção permanece atual, na medida em que se continua a falar da distinção homem-mulher em termos de diferença *complementar*. A contribuição disso que se chama o paganismo continua por sua lógica que se perpetua, seja no discurso biológico, seja no discurso social que, determinando papéis e tarefas, qualifica-os de masculinos ou femininos. Mas esta tradição é nossa única herança?

---

[2] Aristóteles, *Metafísica*, A, 5, 986, a, 22-26.

2
O sexo desencantado

A novidade que o judaismo trouxe foi a dessacralização do Cosmo e, por isso mesmo, a da sexualidade. A diferença sexual perde suas referências conforme a natureza.

Com efeito, somente a palavra de Yahvé é sagrada, palavra que não depende da natureza, mas que engendra uma história. A única relação que conta é a da aliança entre Deus e o povo por Ele escolhido. Esta passagem da Natureza à história destrói toda imagem cósmica do divino, e toda referência fixa entre o masculino e o feminino: nada de referência a ser reencontrada, sem cessar, pela repetição no presente de um passado original.

É exatamente disso que o historiador faz ato nos dias de hoje: "O que há de mais extraordinário aos olhos do historiador das religiões é a maneira como se comportou o culto a Yahvé diante de toda mitologia sexual. Nos cultos cananeus, o acasalamento e a geração eram encarados miticamente como eventos divinos. Disso resultava uma atmosfera religiosa saturada de imagens míticas sexuais. Israel, porém, não participou da divinização do sexo. Yahvé mantinha-se totalmente além da polaridade sexual, o que significava que Israel nunca considerou a sexualidade como um mistério sagrado[1]."

A única atualidade é a da palavra paterna fundadora de um povo. Ela ordena, ela apela, ela promete um futuro messiânico *para* todas as nações, *por* esse povo eleito. Portanto, os filhos e filhas devem nascer visando ao cumprimento desta promessa.

Assim, a verdadeira potência geradora é, daí por diante, a da palavra divina em ato. Efetivamente, a sexualidade se torna profana, e portanto impotente. Os patriarcas eleitos são feridos pela incapacidade de gerar, por intermédio de suas mulheres infecundas: Sarah, Rebeca, Raquel. O que significa que o poder de engendramento só pode vir da fé na palavra; o riso de Sarah não é falta de fé, mas recai sobre a potência natural de seu senhor e esposo, de quem ela conhece a impotência... há tanto tempo, ora! Tal é a alternativa da aliança: *ou* a palavra que fecunda, *ou* a morte do povo, por ausência de descendência.

Por que escolher este povo, preferentemente ao da Babilônia, do Egito, da Grécia, ou outro? Não há razão necessitante, inscrita na ordem cósmica. O desejo de Deus é soberano.

Doravante, a diferença sexual não é mais a de dois princípios cósmicos complementares. A diferença entre o homem e a mulher permanece, mas ela continua sem relação inscrita em algum lugar, sem uma relação que os unifique, e que deles faça *Um*. Com efeito, a verdadeira relação é entre o homem *enquanto* pai, e a mulher *enquanto* mãe, graças ao poder gerador desse tercei-

---

[1] G. Von Rad, *Teologia do Antigo Testamento,* Genebra, Labor et Fides, 1962, t. I, p. 34.

ro que é a palavra nomeante de Yahvé. Esse terceiro entre o homem e a mulher os unifica *pela criança,* ao fazer deles pai e mãe.

Se se é do povo judeu pela mãe, é porque é no seu corpo e no seu sangue que se realiza a escolha da palavra nomeante. Assim, tem nascimento uma outra relação contra o paganismo; ela está entre a palavra sagrada e o sexo dessacralisado, entre o nome e o corpo. A sexualidade não é mais aquela "energia cósmica que ligava os seres humanos, ao mesmo tempo, aos rebanhos férteis e às estrelas ardentes[2]".

Está bem aí uma das causas do antijudaísmo: a nostalgia do período pagão, que celebrava aquela energia cósmica, como dizia Jung escrevendo a Freud: "Uma ordem ética com sua nulidade mítica, que não é habitada por qualquer força pulsional arcaica e infantil, é um puro vazio." O contexto da psicanálise seria, portanto, por um retorno do paganismo, o de "retransformar lentamente o Cristo nesse deus advinho da vinha que ele era, e canalizar assim as antigas forças pulsionais extáticas do cristianismo[3]".

Mas isto não pode ser senão com uma condição: apagar o judaísmo. Com efeito, como diz seu discípulo, o teólogo E. Drewermann, "a polêmica do Antigo Testamento contra as religiões míticas nos custou caro[4]". Muito caro, de fato, com a dessacralização do sexo! Eis aí a causa do seu apelo a um cristianismo-pagão.

---

2 P. Brown, *A renúncia à carne,* Paris, Gallimard, 1995, p. 517.
3 *Correspondência Freud-Jung,* II, Paris, Gallimard, 1975, p. 24.
4 E. Drewermann, *A palavra que cura,* Paris, Cerf, 1992, p. 283.

Uma Virgindade Fecunda

O judaísmo preparou o caminho para o cristianismo. Com efeito, esta conjunção procriadora entre o nome e o corpo encontrou, um determinado dia, sua finalidade, com o nascimento de um menino chamado Jesus.

Da união entre o Espírito e uma virgem de nome Maria, nasceu o filho da Promessa. O nomeado José não está aí à-toa; ele tem um papel público e social, de tutor e de marido da nutriz (se o chamaria, nos dias atuais, de pai legal). Todavia, o *verdadeiro* poder de engendramento está mais além, no íntimo e no escondido: ele está entre o Espírito divino e a mulher *enquanto virgem*. Tal é o fora-do-sexo desta nova geração, pela qual o cristianismo completa o judaísmo.

Efetivamente, o relato do nascimento virginal é a figuração e o signo de uma novidade absoluta: o fim dos tempos chegou com a ressurreição do Cristo e o dom do Espírito Santo sobre os apóstolos. Doravante, o verdadeiro engendramento é pelo Espírito, e não pela carne. Está consumado. A diferença sexual está anulada: "Não há nem homem nem mulher, diz São Paulo, vós todos sois um em Cristo Jesus" (Ga 3, 27). Unidade sem distinção. De fato, o sexo é abolido, porque se o corpo de Jesus subiu aos céus é para que retorne sem tardança e para manifestar, assim, *visivelmente* o fim da história. Ora, este retorno sendo iminente, a geração "carnal" não tem mais razão de ser.

Disse-se que a continência cristã tinha sido longamente preparada pela ascese estóica greco-latina. Isto se disse, e se repetiu. Todavia, não é porque pagãos convertidos tenham conhecido em seu passado a prática de exercícios de controle de si que a pregação cristã não seja radicalmente nova, pela *significação* que ela dá à continência.

Efetivamente, a questão central é a disponibilidade necessária ao acolhimento do retorno glorioso de Jesus Senhor. Essa disponibilidade total, ao instante e à sua surpresa, funda a *virgindade* do corpo e da alma. Como diz São Paulo: "O tempo se faz curto [...]. Pois ela passa a figura deste mundo" (1 Co 7, 29-30).

É preciso, portanto, cessar de perpetuar pela sexualidade a geração deste mundo; isto seria expor-se à "divisão" entre dois engendramentos, o pneumático e o carnal. Com efeito, acrescenta São Paulo, "o homem que não é casado tem cuidado dos assuntos do Senhor [...]. Assim também, a mulher sem marido, ou a jovem, tem cuidado dos assuntos do Senhor, para que seja santa de corpo e de espírito" (1 Co 7, 32, 34). Ao contrário, "aquele que se casou tem cuidado dos assuntos do mundo, dos meios pelos quais agradar à sua mulher; e ei-lo *partilhado*!" (33-34).

Esta é a palavra-chave: para estar unido ao Senhor que virá, é necessário "fazer, com Ele, *um* só espírito" (1 Co 6, 17). O engendramento espiritual exige a totalidade da presença e a unificação da atenção do corpo e do espírito: sem partilha!

Tal é o sentido novo da virgindade: não a integridade física, mas o absoluto do desejo. O contexto é o do velar, e estar sempre pronto, para acolher o instante do acontecimento do fim da história. Jesus, tendo descrito os sinais do seu retorno, acrescentou Ele mesmo: "Em verdade, digo-vos que essa geração não passará, antes que tudo isso tenha chegado [...]. Quanto ao dia, e à hora, ninguém sabe nada" (Mt 24, 34-36).

Não há somente urgência em razão da iminência do instante. Pois a espera não é passiva; a virgindade de um coração nãopartilhado apressa o momento final. Ela o faz advir pela partilha de um mesmo desejo: Ah! que graças à virgindade de todos e todas, o Reino de Deus atinja, enfim, sua plenitude, e que o fim deste mundo advenha mais rapidamente[5]!

5 Que se acabe com este mundo! Não foi a isso que Freud chamou a pulsão de morte?

3
Uma nova clivagem

Mas o fim do mundo não veio. Certo, ele é anunciado como iminente com a realização do judaísmo. De fato, a geração segundo o judaísmo, pela união da palavra sagrada e do sexo dessacralizado, encontrou seu fim com a geração segundo o Espírito.

E, no entanto, a história continua. Ela continua, pois o "já-lá" do fim, graças à vinda do Messias, *não é sem* o "não ainda" da espera de seu retorno glorioso. Assim, o "não ainda" abre uma nova temporalidade, que dura, e dura ainda hoje. Ora, essa tensão entre o presente e o futuro vai determinar um novo discurso sobre a *sexualidade*. Este discurso é aquele mesmo da autoridade eclesiástica, que fala em nome da sua interpretação dos textos sagrados.

É assim que foi dada, com constância, uma dupla resposta: *hierarquia* entre dois tipos de geração, *clivagem* entre parentalidade e conjugalidade.

Antes de tudo, a resposta pública dada pelo discurso eclesiástico terá sido a de estabelecer uma *hierarquia* entre duas gerações: a primeira, segundo o Espírito, sem o sexo; a segunda, de menor valor, com o sexo, mas *não sem* o Espírito. A verdadeira questão torna-se portanto, pouco a pouco, essa: contra os sectários e os fanáticos, como definir o lugar da sexualidade, de tal modo que ela não contradiga a potência do Espírito? Como estabelecer uma hierarquia entre duas vias, sem que a primeira implique na abolição da segunda? A estas questões foram dadas respostas que variaram, entre os Padres gregos e latinos. Entretanto, uma solução acabou por se impor, sobretudo desde Santo Agostinho, e até os nossos dias.

A primeira via recomendada, instantemente, é a da continência como condição de uma fecundidade espiritual; são os que se contêm, efetivamente, que têm a autoridade, e somente a eles está reservado o exercício do poder eclesiástico; mesmo quando casados, eles não o podem exercer senão na renúncia à sexualidade.

Porém essa via não exclui uma outra, na medida em que a história continua. Ela concerne àqueles a quem a continência não é possível; neste caso, o casamento é aconselhado, de preferência à impudicícia da prostituição, do adultério, ou da homossexualidade: "Vale mais casar-se que queimar", diz São Paulo (1 Co 7, 9). A sexualidade é por si perturbadora e desconfortável, mas ela recorda as origens sempre presentes: o judaísmo e o paganismo, a serem retomados, submetendo-se-os às regras do Espírito.

De que maneira? Através de uma nova *clivagem*, não mais entre o Espirito e a carne, mas entre a parentalidade e a conjugalidade.

De um lado, a sexualidade encontra seu lugar com o casamento, na medida em que ela está ordenada à procriação; esta somente pode justificar um gozo sexual não-buscado por ele mesmo mas encontrado por acréscimo, pontualmente. Desse modo, a diferença homem-mulher não encontra sua unidade *nela mesma*, mas na criança, graças à *diferença pai-mãe*. Esta se substitui à diferença *homem-mulher*. Somente esta substituição metafórica pode dar *sentido* à sexualidade: a procriação de uma nova geração.

O contexto é importante: que a presença do Espírito não seja reservada aos que se contêm; ela concerne aos castos *no* casamento, aqueles cuja pureza de coração e de espírito permite dominar a sexualidade e amar seu cônjuge sem paixão nem violência. Como dirá São Jerônimo: "O adúltero é o amante ardente demais de sua mulher." Mas, então, o que é da conjugalidade?

De outro lado, graças à castidade dos esposos, instaura-se entre eles um amor de *amizade*. Pela amizade, torna-se possível uma relação entre eles, numa unidade situada *fora da diferença sexual*. Com efeito, uma das contribuições essenciais de Santo Agostinho foi a retomada da noção de *philia*, cara a Aristóteles, a Plutarco, e a muitos outros, para definir o amor conjugal: ajuda mútua, igualdade, semelhança, identificação, reciprocidade na partilha, cada um amando-se no outro como num espelho. Aristóteles o diz admiravelmente na *Ética a Nicômaco*, a propósito do homem de bem: "Está com seu amigo numa relação semelhante àquela que mantém consigo mesmo, pois o amigo é um outro si-mesmo[1]." É assim que a *philia* funda o amor conjugal: o um é o outro.

A concórdia precede a conjunção sexual em vista da procriação, e ela se perpetua mais além. Somente ela é indissolúvel: o sexo e a paixão passam, a amizade permanece. Agostinho atribui

---

[1] Aristóteles, *Ética a Nicômaco*, IX, 4, 1166a, 30-31.

essa *concordia* conjugal a Adão e Eva, antes da queda; e os esposos podem reencontrar aquela origem, mas com uma condição: de que ultrapassem, pelo Espírito, os efeitos da queda original, isto é, essa perversão da vontade que busca o gozo sexual na violência e no excesso. É assim que Agostinho pode dizer: "Tua carne é como tua mulher, ama-a, censura-a; que ela seja formada num só laço do corpo e da alma, vínculo de concórdia conjugal[2]."

Temos, portanto, uma clivagem segundo a lei do casamento: de um lado, a contribuição *judaica*, com a diferença pai-mãe, sem outra unidade entre eles a não ser aquela trazida pelo filho; do outro, a contribuição *greco-latina*, com a unidade homem-mulher, na amizade fora do sexo e, portanto, fora da diferença sexual.

Todavia, esta clivagem entre parentalidade e conjugalidade está num plano segundo. Ela não deve mascarar a disjunção fundamental entre duas vias, entre o casamento e a virgindade.

[2] Santo Agostinho, *Enarratio in Psalmum,* 140, 16 in PL, vol. 36, col. 18/15-18/26.

4
Da singularidade de um gozo

Escrevi sobre tua fronte MISTÉRIO e ordenei-te levar um véu.

P. Claudel, *O Evangelho de Isaías.*

O paganismo articulava o possível da inscrição da relação homem-mulher, de modo que de dois eles não fizessem senão um, em razão de uma complementariedade. O judaico-cristianismo negou aquele possível, instaurando uma disjunção entre dois discursos, que se justapõem sem unificar-se nem se completar.

O primeiro discurso dá lugar à sexualidade pela lei do casamento: nem prostituição, nem adultério, nem homossexualidade, mas a união heterossexual monogâmica, para colocar a sexualidade a serviço da procriação. Assim, por essa finalização, há relação sexual *inscritível* não entre o homem e a mulher, mas entre um enquanto *pai* genitor, e outra enquanto *mãe* genitora. Porém o que é, então, do homem e da mulher enquanto tais?

É a essa questão que responde um segundo discurso, de acordo com uma outra lei: a da virgindade do corpo e da alma. Aí, o sagrado *se separa* do sexo. Se o sexo tem seu lugar conforme a primeira lei, de acordo com a segunda, ele não o tem. Com efeito, a virgindade é a condição de uma união com Deus, unicamente pelo Espírito; ela *exclui* a relação ao outro sexo, quer seja na amizade conjugal ou na procriação.

Estes dois discursos não se contradizem, eles se justapõem hierarquicamente, a virgindade levando a melhor sobre o casamento. Todavia, quais foram historicamente as conseqüências sociais e políticas desses dois discursos? A resposta a essa questão importa, na medida em que o cristianismo engendra uma história, modifica uma sociedade e tem efeitos de ordem cultural. Portanto, historicamente, viu-se, aconteceu que estes dois discursos não tiveram conseqüências idênticas sobre os homens e sobre as mulheres.

Para os primeiros, efetivamente, seguir a lei do casamento é dar uma finalidade à sexualidade, ao fazer de tal mulher a mãe dos seus filhos. Assim, ao deixar a casa familiar, o homem passava da submissão a seu pai ao exercício do poder paterno e doméstico, em sua própria casa. Por identificação, o homem realiza uma filiação, tornando-se pai: essa será a lei do desejo sexual.

Mas, para as mulheres, o contexto do casamento não é absolutamente o mesmo. Casar-se e tornar-se mãe é permanecer na mesma submissão a um senhor, malgrado a mudança do lugar doméstico. Nas civilizações grego-latinas e germânicas cristianizadas, a mulher, ao passar da condição de filha à de esposa, permanece subordinada a um homem. Há um certo humor negro na afirmação de um Padre da Igreja, Basílio de Ancyra, quando escreve em 364: "Com seu dote a mulher compra um senhor." Por sua vez, João Crisóstomo dizia a uma mulher casada: "Suporta, como diz o apóstolo

Paulo, essa servidão; quando ele morrer, somente então tu serás livre[1]."

É bem por isso que o segundo discurso sobre a virgindade espiritual toma todo o seu valor com a mulher, bem mais que com o homem. Não é sem razão que a língua fala no feminino: diz-se "a virgem", e não "o virgem". A virgindade terá sido a via da libertação feminina. Realizou-se o fim dos tempos: só o Senhor conta, pouco importam a família e o nome a perpetuar. Desse modo, Santo Agostinho pode designar a virgem como uma *aula pudoris*: "Ela é a sala de um palácio real, não está submetida a homem nenhum, mas a Deus somente[2]."

Uma Nova Feminilidade

Efetivamente, essa submissão, ao garantir uma integridade do corpo e da alma, com a consagração integral destes, estabelece uma *aula pudoris*, um lugar fechado, uma parte secreta, um pátio interior, uma zona escondida ao olhar público. Não é este mesmo o lugar da feminilidade no ser humano? Assim, os dois discursos, a lei do sexo e a da virgindade, instauram uma disjunção entre o público e o privado, entre o descoberto e o velado. É desse modo que eles repartem as quatro denominações tradicionais de modo todo outro: masculinidade *e* paternidade <——> maternidade *ou* feminilidade.

De um lado, temos o masculino voltado *integralmente* para a paternidade. Esta se conjuga com a maternidade. De outro lado,

[1] Citados por A. Rousselle, in *Porneia*, Paris, PUF, 1983, p. 176.
[2] Santo Agostinho, *De institutione virginis*, 12, 79, in PL, vol. 16, col. 33-339 B.

temos o feminino separado, distinto da maternidade: uma *aula pudoris*. Ora, essa distinção totalmente nova, operada pelos dois discursos sobre a sexualidade, é nos dias de hoje objeto de um debate sobre o gozo.

Com efeito, a questão se coloca: sobre que, portanto, se apóia esse pudor feminino, na medida em que uma mulher, por uma parte dela mesma, é algo além de mãe? É suficiente dizer, com Rabelais, que esse pudor feminino é uma ausência que faz com que a "condição de ser corno é naturalmente o apanágio do casamento[3]"? Não se apóia ela mais sobre a experiência espiritual, dita mística, reservada à virgindade? Como interpretar, por exemplo, o testemunho da transverberação, no relato de Teresa de Ávila? Ela escreve: "Eu vi um anjo ao meu lado, à minha esquerda, em forma corpórea, o que não me é dado senão excepcionalmente. Ele não era grande, mas pequeno e muito bonito. Por seu rosto iluminado, parecia ser dos níveis mais elevados entre aqueles que se mostram totalmente abrasados de amor. Tinha em suas mãos um longo dardo de ouro, cuja extremidade de ferro levava, creio, um pouco de fogo. Parecia que ele o mergulhava várias vezes no meu coração, e cravava-o até as estranhas. Ao retirá-lo, dir-se-ia que este ferro carregava-as com ele, deixando-me inteiramente inflamada de um imenso amor de Deus [...]. A dor era tão viva que eu gemia, e de tal modo excessiva a suavidade dessa dor que não se pode desejar senão que ela cesse. Dor espiritual, e não corporal, ainda que o corpo não deixe de participar aí, e mesmo muito[4]."

---

[3] Cf. o famoso capítulo XXXII do *Terceiro Livro*, sobre o ser corno, inevitável, do homem casado.

[4] Cf. "A vida de Santa Teresa de Ávila escrita por ela mesma", in *Obras Completas*, traduzidas por Arnauld d'Andilly, Paris, 1702.

Georges Bataille, em seu livro *O erotismo*, interroga-se sobre este texto. Ele descarta, como improvável, a interpretação da psicanalista Marie Bonaparte, que toma essa descrição por um "violento orgasmo venéreo". A casta Teresa, ela escreve, "nunca teve a ocasião de fazer essa aproximação, que no entanto se impõe, por sua transverberação[5]". Ele descarta ainda mais a interpretação dos psiquiatras, como o doutor Parcheminey, segundo o qual "toda experiência mística é apenas uma sexualidade transposta, e portanto uma conduta neurótica[6]". Que sabem eles, no entanto, para fazerem tais julgamentos?

Georges Bataille se volta para uma outra posição: não "como o fazem os religiosos, espiritualizando o domínio da sexualidade, para elevá-lo ao nível das experiências etéreas[7]", mas pelo contrário, discernindo *a unidade* profunda da experiência mística com o erotismo, "que não é para ser confundido com o genital". Trata-se da mesma transgressão que a perda da preocupação com a pura manutenção da vida. Estes transes, estes arrebatamentos e estes transtornos têm o *mesmo* sentido: "A abertura para este movimento imediato da vida, que é habitualmente comprimido e que se libera subitamente no *transbordamento* de uma alegria de ser infinita[8]." Assim, a experiência do erotismo e a do misticismo não diferem.

---

5 Cf. Marie Bonaparte, "Da essencial ambivalência do Eros", *Revista francesa de psicanálise*, 1948, nº 2, p. 193.
6 Citado por Georges Bataille, *O erotismo*, Paris, Minuit, 10/18, 1957, p. 247.
7 Ibid., p. 268.
8 Ibid., p. 269.

Uma Feminilidade Velada

Ora, o contexto do debate, na atualidade, é o de designar uma terceira via. Nem neurótica, de acordo com a psiquiatria, nem erótica, segundo Georges Bataille, a experiência da feminilidade é precisamente aquilo que, de um gozo, escapa ao saber de uma qualificação, seja ela qual for. Jacques Lacan falava, a propósito da transverberação de Teresa de Ávila, de um gozo "que se experimenta, e do qual nada se sabe[9]". Ele existe, certamente, mas sua essência nos escapa. Tal é a *aula pudoris.*

Vimos que as definições do poder d*a* mãe sobre a criança abundam no correr dos séculos[10]. Elas qualificam este poder como benévolo ou malévolo. Porém, quanto *à* mulher, uma negação se impõe: não há universal d*a* mulher; há uma mulher, uma e uma, cada uma singular em seu gozo próprio, sem a adição de uma com uma outra, para fazer a soma.

Assim, um véu cobre a mulher. A razão clássica, seu ontologismo e seu princípio de razão suficiente, desabam. Não há dedução possível a partir de um universal: a mulher. Pelo contrário, a singularidade, a ocasião, o evento, o "sem razão" do encontro tomam lugar, sem significação *a priori*, e sem referências estáveis. É desse modo que, no século XIII, uma Hadewijch, beguina em Anvers, nos diz o impossível do *saber* de um gozo: "A multiplicidade inumerável das razões que me fazem preferir-vos a todas as coisas me escapa, Senhor, quando me volto, em minha nudez, somente para vós, amando-vos *sem porquê*, a vós

---

[9] Jacques Lacan, *O Seminário, Mais, ainda*, Livro XX, Paris, Seuil, 1975, p. 71.

[10] Cf. capítulo 3 da Primeira parte.

por vós-mesmo[11]." Esse pudor do "sem porquê" é a ausência, na linguagem, da palavra que diria a razão de tal encontro.

A Função da Imagem

É então que se apresenta o véu. Efetivamente, a exigência de uma figuração feminina se impõe, mas com a condição de situar bem a imagem.

Nas nossas tradições européias, esta foi objeto de um debate contraditório. Para uns, a imagem é o ídolo (*eidòlon*); *tudo* está lá, sob a imagem como véu, que deve *esconder* o nada-a-ver, o invisível. Para outros, ao contrário, a imagem não é senão a reprodução, a cópia que se assemelha a um modelo que ela *designa*; assim, a imagem não é nada, nada além da ilusão que deve remeter à substância (aquilo que se mantém debaixo) plena e fixa como referente.

Ultrapassar essa oposição é dar-se conta da dupla função da imagem que, como véu, *ao mesmo tempo* esconde e designa. Na imagem se revela, se presentifica o que ela efetua e realiza: uma *aula pudoris*. É o invisível de um gozo singular que, *ele mesmo,* torna possível o visível desse véu. Desse modo, por este dar-a-ver, uma mulher indica a existência de um gozo e, ao mesmo tempo, mascara dele a definição: não há resposta para a questão sobre o saber desse gozo.

É bem por isso que a beleza como esplendor, brilho, cintilação do véu é despertar do desejo, e apelo a um novo dese-

---

[11] Hadewijch de Anvers, *Escritos místicos das beguinas*, Paris, Seuil, 1954, p. 141.

jo. Vestimentas, penteados, gestos, linha ondulante do corpo, piscar de olhos, brilho da voz não estão lá, na imagem, a não ser para instaurar um lugar vazio, despojado de toda intenção de bondade, ou de maldade: um gozo outro, em sua irredutível singularidade. É isto que significa a famosa história de dois amantes que marcam encontro num baile. Quando acreditam encontrar-se e deixam cair suas máscaras, há o horror: não era ele! Não era ela! A negação vem marcar uma alteridade irredutível: a diferença homem/mulher interdita aquilo que faria relação determinável entre um e outro.

Com efeito, se vê que aquela feminilidade, que escapa à função sexual do engendramento parental, concerne tanto a um homem quanto a uma mulher. Isso se vê, de vez em quando. Por uma parte dele mesmo, um homem pode ser também essa *aula pudoris*, de que falava Santo Agostinho. Poetas, místicos, e ainda outros, tiveram acesso a isto, e souberam aí encontrar seus próprios lugares, sem exibição militante nem publicidade barulhenta. O Mestre Eckhart disso testemunhou, à sua maneira, dizendo que a palavra "mulher", bem mais que a palavra "virgem", é "a palavra mais nobre que alguém possa atribuir à alma[12]".

---

[12] Mestre Eckhart, *O castelo da alma*, Paris, Desclée de Brouwer, 1995, p. 16.

Conclusão

A sexualidade é traumática por si. É bem por isso que a neurose é dela o recalcamento... aguardando a surpresa de seu retorno.

A sexualidade faz trauma no próprio momento de sua transmissão, de uma geração a outra, de corpo a corpo entre duas gerações. Descrevemos precedentemente qual lei, a lei do desejo, permite fazer com essa violência, e estar à sua altura. E, sobretudo, indicamos como *somente* a conjugalidade de um homem e de uma mulher pode transmitir à geração seguinte essa lei do desejo, conforme o interdito do incesto, para uma nova conjugalidade a vir.

Todavia, essa transmissão permanece familiar e, portanto, privada. Quanto à sociedade política ou religiosa, na falta de poder operar ela-mesma aquela transmissão, ela tenta, no caso de deficiência de transmissão real, remediar isto por expedientes diversos.

Hoje, no decurso da nossa passagem ao século XXI, o que há de mais espetacular, é o "êxito" mediático, que consiste em instaurar um medo coletivo da violência sexual. Assim, médicos, policiais, juízes e psicoterapeutas, primeiramente nos Estados Unidos, com a *political correctness*, e mais tarde na Europa, atribuem, cada vez mais, numerosos sintomas a casos de abuso sexual sofrido na infância da parte de um adulto.

Para obter a cura, esse adulto deve ser nomeado, denunciado, condenado. A opinião pública é fortemente induzida a pensar que se trata do pai, ou pelo menos de um educador masculino em posição de pai. Esta caça ao pai [*père-vers*] deveria, finalmente, permitir a purificação da sociedade, e a ausência de todo e qualquer trauma na transmissão da sexualidade entre gerações. Esse contexto bem merece um esforço violento de doutrinação publicitária, e de sugestão forçada, junto ao "doente" e ao seu círculo, para que ele recupere a memória, e acuse enfim o homem de quem foi a vítima. À violência sexual suposta, somente uma outra violência tão forte quanto, deve responder... com o risco de fazer um novo trauma!

Mas se é dito que a sexualidade adulta masculina conduz potencialmente à multiplicação dos abusadores de crianças, não será porque o abuso *já* está presente no interior da geração dos adultos? Aí está a causa. É por isso que nosso fim de século, paralelamente às suspeitas lançadas sobre os pais, preconiza agora uma outra sexualidade adulta, que não seja nem do macho nem violenta. É dessa maneira que tomou lugar um certo discurso *feminista* e ecológico. A imagem da conjunção sexual, de acordo com a relação penetrante-penetrado, fez metáfora que *dá sentido*: muito precisamente aquele da dualidade atividade-passividade, para qualificar os valores masculinos e femininos. Assim, a virilidade seria a combatividade, o desafio da concorrência, o assenhoramento do outro; e a feminilidade seria doçura, ternura, acolhimento maternal. Ora, a sexualidade cessaria de ser violência infligida por um e violência aceita por outro, na medida em que hoje, finalmente, cada um poderia reconhecer que os valores do outro estão em si, ainda que recalcados. Mas, ai de mim!, se as mulheres reconhecem de bom grado sua virilidade até então escondida, os homens, pelo contrário, sofrem para reconhecer sua feminilidade; eles a qualificam facilmente de moleza e de demissão. O debate prossegue, portanto, no mal-estar das definições do ser-homem e do ser-mulher, porém substituindo-se à dualidade virilidade-feminilidade uma outra clivagem, menos pública mas mais autêntica: aquela que distingue o amor-*amizade*, com uma sexualidade contida, e o amor-*paixão*, que é sem recusa da violência sexual. Esta clivagem concerne tanto às mulheres como aos homens; para cada um, seja qual for seu sexo, ela é o verdadeiro contexto de sua vida privada em sua relação ao outro.

Um teólogo como Santo Agostinho, que conheceu ele mesmo os dois amores antes da sua conversão, sabia que a sexualidade é, de fato, violência. É bem por isso que ele atribuía a Adão e Eva, na condição do paraíso terrestre, uma sexualidade calma, tranqüila e comedida: não a continência, mas um casamento "casto". Não é o que convém à "concórdia" de um amor-amizade privilegiado, que não cai na escravidão da paixão? Desse modo, falando de Adão e Eva antes da queda, Agostinho descreve um estado no qual "o esposo teria fecundado a esposa sem o aguilhão de uma paixão sedutora, na serenidade da alma e na perfeita integridade do corpo. Se a experiência não pode no-lo mostrar, isto não é razão de duvidar; pois estas partes do corpo não teriam sido excitadas por um ardor perturbador, mas empregadas de acordo com as necessidades, por um poder senhor de si. Assim, a semente do homem pode ser comunicada à esposa, conservando-lhe a virgindade [...]. No parto, as entranhas da mulher não se dilatariam nos gemidos da dor, mas no empuxo da maturidade; da mesma forma, para a fecundação e a concepção, não se trataria de um apetite de gozo (*non libidinis appetitus*), mas somente de uma intervenção da vontade, que conjugaria uma e outra naturezas[1]".

Todavia, essa visão idílica, ainda que um pouco morosa, da sexualidade de nossos primeiros pais não corresponde à nossa. Longe de lamentar-se disso, o verdadeiro problema reside em encontrar uma ética do amor-paixão na própria conjugalidade: uma ética que conjuga *erótica* do desejo e *estética* do bem-dizer, na arte de endereçar-se ao outro sexo[2].

Mas, bem evidentemente, estando presos na preocupação de dizer o bem, a ordem médica e a legal não podem aí aceder. Sem dúvida, somente os artistas souberam, desde sempre, colocar em evidência aquilo que sustenta secretamente o discurso do amor.

---

[1] Santo Agostinho, *A cidade de Deus*, L. XIV, c. XXVI, 54.

[2] Sobre essa ética e sua lógica, as páginas do meu livro, *O estranho gozo do próximo. Ética e psicanálise*, Paris, Seuil, 1995.

Companhia de Freud editora

OBRAS PUBLICADAS

A Angustia e o Desejo do Outro
Diana Rabinovich

A Clínica da Identificação
Clara Cruglak

A Clínica Lacaniana
Vários

A Criança Adotiva
Nazir Hamad

A Criança na Clínica Psicanalítica
Angela Vorcaro

A Crise de Adolescência
Octave Mannoni e Outros

A Erótica do Luto
Jean Allouch

A Estrutura Na Obra Lacaniana
Taciana de Melo Mafra

A Etificação da Psicanálise
Jean Allouch

A Experiência da Análise
Norberto Ferreyra

A Fadiga Crônica
Pura A .Cancina

A Fantasia da Eleição Divina
Sergio Becker

A Feminilidade Velada
Philippe Julien

A Ficção do Si Mesmo
Ana Maria Medeiros da Costa

A Hora do Chá na Casa Dos Pendlebury
Alain Didier-Weill

A Morte e o Imaginário na Adolescência
Silvia Tubert

A Significação do Falo
Diana Rabinovich

A Transferência (Esgotado)
Taciana De Melo Mafra

Abandonarás Teu Pai e Tua Mãe
Philippe Julien

Adolescência e Psicose
Edson Saggese

Alô, Lacan - É Claro Que Não
Jean Allouch

Anorexia Mental
Éric Bidaud

Arte De Reduzir As Cabeças
Dany-Robert Dufour

As Construções do Universal
Monique David-Ménard

As Intervenções do Analista
Isidoro Vegh

As Psicoses
Philippe Julien

Ciúmes
Denise Lachaud

Clínica da Pulsão - As Impulsões
Diana S. Rabinovich

Comer o Livro
Gérard Haddad

Como Se Chama James Joyce
Roberto Harari

Crianças na Psicanálise
Angela Vorcaro

Dependência Química na Adolescência
Hélcio Fernandes Mattos

Desejo da Escrita Em Italo Calvino
Rita de Cássia M.E.S.Costa

Desejo do Psicanalista
Diana S. Rabinovich

Discursos na Psicanálise
Aurélio Souza

Do Pai à Letra
Hector Yankelevich

Os Nomes do Pai em Jacques Lacan
Erik Porge

Paranoia
Jean Allouch

Paixao do Sujeito Freudiano
Bernard Penot

Paixões do Ser
Sandra Dias

Poetas, Crianças e Criminalidade
Isidoro Vegh

Procuro o Homem da Minha Vida
(Marido Já Tive)
Daniela Di Segni

PSICOLOGIA CLINICA TODAS

Psicanálise de Crianças Separadas
Jenny Aubry

Psicanálise e Análise do Discurso
Nina Leite

Psicanálise e Tempo
Éric Porge

Psicose Perversão e Neurose
Philippe Julien

REVISTA PUC TODAS

Revista Dizer Nº 12
Diversos

Revista Dizer Nº 13
Diversos

Revista Dizer Nº 14
Diversos

Revista Internacional Nº 1
Vários

Revista Internacional Nº 2 - A Histeria
Vários

Revista Internacional Nº4 -
As Homossexualidades
Vários

Roubo de Idéias
Erik Porge

Tempo Psicanalítico Nº 34
Diversos

Transexualismo
Henry Frignet

Trata-se uma Criança - Tomo I
Vários

Trata-se uma Criança - Tomo II
Vários

Trilhamentos do Feminino
Jerzuí Tomaz

Um Homem de Palavra
Nazir Hamad

Um Jeito de Poeta
Luís Mauro Caetano da Rosa

Um Mundo sem Limite
Jean-Pierre Lebrun

Um Narrador Incerto
Lúcia Serrano Pereira

Um Percurso em Psicanálise com Lacan
Taciana de Melo Mafra

W.R.Bion Novas Leituras
Arnaldo Chuster

W.R.Bion Ii
Arnaldo Chuster

A SEREM EDITADAS

Os Nomes Indistintos
Jean-Claude Milner

O Aminhante Analitico
Victor Smirnof

Figuras do Real
Ginette Michaud

O Amor do Outro ao Amor de Si
Patrick Delaroche

A Topologia de Lacan
Jean-Paul Gilson

O Conhecimento Paranóico
Revista Littoral

Letra e Pulsão de Morte
Andre Green

Enigma do Incerto
Laure Rozen

O Inferno do Dever
Denise Lachaud

A Quarta Mulher
Paul Tabet

Lacaniana
Moutapha Safouan

Dez Conferências de Psicanalise
Moustapha Safouan

Estados de Abandono
Jacques André

Transferência e Estados Limites
Jacques André

Da Paixão
Jacques André

A Anatomia da Terceira Pessoa
Guy Le Gaufey

A Criança no Espelho(Freud Wallon Lacan)
Émile Jalley

A Sombra do teu Cão: Discurso Analitico - Discurso Lesbico
Jean Allouch

O Livro das Separações
Emílio Rodrigué

A Violência na Adolescencia
Pierre Kamerer

O Próximo
Isidoro Vegh

Para uma Clinica do Real
Isidoro Vegh

O Fracasso do Fantasma
Silvia Amigo

A Topoloia de Jacques Lacan
Jean-Paul Gilson

As Figuras do Real
Patrick Delaroche

A Ambivalência Materna
Michele Benhaim

Impresso por:

Edil
Artes Gráficas

Tel/Fax: (21) 2159 7979
E-mail: edil@edil.com.br